History, metodologia, memória

Conselho Acadêmico
Ataliba Teixeira de Castilho
Carlos Eduardo Lins da Silva
Carlos Fico
Jaime Cordeiro
José Luiz Fiorin
Magda Soares
Tania Regina de Luca

Proibida a reprodução total ou parcial em qualquer mídia sem a autorização escrita da editora.
Os infratores estão sujeitos às penas da lei.

A Editora não é responsável pelo conteúdo deste livro.
O Autor conhece os fatos narrados, pelos quais é responsável, assim como se responsabiliza pelos juízos emitidos.

Consulte nosso catálogo completo e últimos lançamentos em **www.editoracontexto.com.br**.

História, metodologia, memória

Antonio Torres Montenegro

Copyright © 2009 do Autor

Todos os direitos desta edição reservados à
Editora Contexto (Editora Pinsky Ltda.)

Foto de capa
Jaime Pinsky

Montagem de capa e diagramação
Gustavo S. Vilas Boas

Preparação de textos
Graça Galindo

Revisão
Evandro Lisboa Freire

Dados Internacionais de Catalogação na Publicação (CIP)
(Câmara Brasileira do Livro, SP, Brasil)

Montenegro, Antonio Torres
História, metodologia, memória / Antonio Torres Montenegro. –
1. ed., 2ª reimpressão – São Paulo : Contexto, 2022.

Bibliografia
ISBN 978-85-7244-455-2

1. Brasil – História 2. História – Metodologia 3. História –
Pesquisa 4. Historiografia I. Título.

09-10773   CDD-907.2

Índice para catálogo sistemático:
1. História e historiografia 907.2

2022

EDITORA CONTEXTO
Diretor editorial: *Jaime Pinsky*

Rua Dr. José Elias, 520 – Alto da Lapa
05083-030 – São Paulo – SP
PABX: (11) 3832 5838
contexto@editoracontexto.com.br
www.editoracontexto.com.br

Sumário

Apresentação 7

Introdução 13

Rachar as palavras: uma história a contrapelo 21
    O mundo como invenção 26
    Os caminhos de Mato Grosso 32
    Revisitando o Nordeste 35

Narradores itinerantes 49
    O sol esfriou 52
    O espírito da palavra 55
    Gilda e seus príncipes 62
    Narradores na história 69

Ligas Camponesas e sindicatos rurais em tempo de revolução 73
    Um certo engenho Mamulenga 74
    Chegando em Galileia 77
    Rua Cruz Macedo, 99 81
    A invenção das palavras 83
    O Nordeste em movimento 85
    A Igreja Católica ocupa a cena 95

Arquiteto da memória: nas trilhas dos sertões de Crateús 101
    Rastreando sinais 104
    "Ser comunista" – território do discurso 107
    Arquiteto da memória 114
    Fazendo a nossa história 123

Política e Igreja Católica no Nordeste (1960-1970) 133
    A Igreja Católica e a conjuntura mundial 138
    Nordeste: além das fronteiras geográficas 140
    Reconstruindo trilhas de memórias 147

Labirintos do medo: o comunismo (1950-1964) 151
    Nas trilhas do medo 155
    Pernambuco em chamas 161
    A rede policial 174
    Pernambuco(s) em perigo 180

Bibliografia 185

O autor 189

Apresentação

Desde a década de 1960, as ciências exatas e humanas debatem um tema de profundo significado para o desenvolvimento do conhecimento: a crise dos paradigmas. Agnes Heller[1] atribui às transformações da modernidade, processo que considera em curso, mutações tão profundas que estão alterando a forma de viver e de pensar mesmo nos países que começam a modernizar-se. Na sua maneira de interpretar a contemporaneidade considera a substituição dos padrões éticos pelo interesse próprio, um dos mais graves prejuízos a serem enfrentados. Embora esse texto apresente alguns pontos discutíveis – a modernidade que desde o fim da Idade Média até hoje não se completa; o pouco peso que confere aos estágios do capitalismo; a liberdade individual em construir seu próprio futuro, entre outros – é irrefutável ter a maioria dos paradigmas das ciências sido abandonada e substituída.

Em História, por exemplo, o estruturalismo foi responsável por propostas inovadoras dirigidas contra as concepções do materialismo dialético e as da escola metódica. Embora criticado pelos autores da Nova

História francesa que incorporaram vários de seus postulados e pelos historiadores marxistas ingleses contemporâneos, alguns de seus paradigmas tiveram ampla divulgação: a negação da ideia de totalidade; a busca da verdade não deve nortear as pesquisas, pois ela não existe em termos absolutos; os acontecimentos são fatos construídos independentemente uns dos outros o que resulta na exclusão da ideia de processo e estrutura; o real é inerente a sua representação. O conjunto desses paradigmas está longe de ser aceito pela maioria dos historiadores, pela razão de muitos guardarem reservas sobre alguns deles.

História, metodologia, memória, excelente livro de Antonio Montenegro não foge a esse debate, pelo contrário, começa desde a introdução explicitando as angústias que acompanham o historiador:

> [...] a perspectiva construtivista da História se constituía para mim em um novo desafio, que procurava romper com uma visão dualista e teleológica do fazer historiográfico, mas que era, também, constantemente fustigado pela ameaça do fantasma do relativismo e do solipsismo.

Pensando no percurso de seus trabalhos – caracterizados pela incessante busca do aperfeiçoamento teórico-metodológico e pelo comprometimento com a pesquisa social – o autor valoriza a contribuição dos epistemólogos das ciências, principalmente os da Física teórica, para compreender as dificuldades que envolvem a inteligibilidade histórica.

De fato, essas escolhas aproximam o texto de Montenegro das premissas de Thomas Kuhn,[2] que polemiza com os historiadores das ciências sobre dogmas consagrados, considerando que o progresso científico se concretiza não apenas pelo conhecimento acumulativo, mas principalmente por novos paradigmas contestadores dos antigos; a isso denomina revoluções científicas. O pensador também analisa a importância do contexto político-social na formulação de novos paradigmas pelas comunidades científicas, definindo estruturas.

Antonio Montenegro desenvolve os capítulos do livro em reflexões e narrativas que trafegam com desenvoltura pelas veredas da Norma e do Sentimento: norma, representada pela segurança teórico-metodológica,

APRESENTAÇÃO

pelo rigor da pesquisa documental e pela interlocução com a bibliografia; sentimento, expresso pela escolha de narrativas que salientam tanto as condições aviltantes do trabalhador rural como seus sonhos e desejos. Igualmente, Memória e História entrelaçam-se nos textos sobre Ligas Camponesas, sindicatos rurais, atores do jogo político, repressão, ação de padres católicos: o Nordeste em tempos de revolução e medo.

No capítulo "Narradores Itinerantes" o leitor encontrará histórias, algumas fragmentadas, da convivência de padres católicos envolvidos com o trabalho apostólico em contato com os trabalhadores rurais, surgindo entre eles afeto, aprendizagem mútua, destinos paralelos que se tornam convergentes pela solidariedade recíproca ao se defrontarem com a repressão infundada. Os narradores nos ensinam novos significados da Política, Montenegro tem fôlego para revelar o sentido oculto das palavras e principalmente dos atos. A ação exemplar de um sertanejo que se desfaz de seu único bem para tomar um ônibus e ir depor a favor de um padre acusado de comunista é escrita com linguagem envolvente. Poucas e corajosas palavras foram pronunciadas pelo depoente e são suficientes para o texto ganhar uma dimensão surpreendente que caminha do sentimento para a norma; como afirma ainda na "Introdução", sua principal preocupação é:

> apontar o quanto as experiências históricas, tecidas nos relatos orais, devem romper com os sentidos instituídos com base em análises que desconhecem as condições de sua produção, suas estratégias e ordenamentos discursivos.

O autor ensina como usar os relatos memorialísticos de forma inovadora. Consegue tirar deles o essencial, aquilo que projeta os significados dos atos e das palavras, demonstrando que o saber popular adquire eficiência e conteúdo políticos desconhecidos pelos historiadores da macro-história.

O diálogo entre o historiador e a testemunha é complexo, pois se situa numa contradição permanente entre a cumplicidade e a tensão. Essas questões são tratadas com habilidade neste livro, na medida em que é fruto de longa e profunda experiência com fontes orais. A mediação entre o depoimento e o texto de Montenegro é construída teoricamente, dando-lhe uma perspectiva temporal e espacial alicerçada na Semiótica, na Antropologia cultural e histórica.

Nos capítulos destinados às Ligas Camponesas, além dos depoimentos orais há um esforço digno de nota na análise de vasta consulta bibliográfica e documental: correspondência, processos, jornais brasileiros e estrangeiros, o que trouxe à luz o avesso da história divulgada sobre o tema.

Vinte anos durou a ditadura militar instaurada em 1964. Esta rotulou de subversivos a todos os que não aceitavam seus princípios. Sua mão de ferro caiu pesadamente sobre partidos, sindicatos, escolas, organizações da sociedade civil, trabalhadores rurais e urbanos em busca de comunistas. Processos, afastamentos, aposentadorias compulsórias, prisões e tortura foram empregados para sufocar a liberdade de pensamento e de ação. O modelo centralizador atendia aos ditames da Guerra Fria e compactuava com a política norte-americana para a América Latina que incluía direta colaboração da CIA.

Pode-se chamar de servidão ao extenuante regime de trabalho que os fazendeiros impunham aos seus trabalhadores, consequentemente, a política repressiva servia para mandar prender ou afastar os indesejáveis que não possuíam direitos a não ser aqueles dos costumes seculares, embora sempre fossem burlados pelos proprietários.

Há uma complexa soma de atores e interesses em torno dessa população rural, sindicalistas, as Ligas de Francisco Julião, os grupos de alfabetização, pastores americanos e padres católicos. Mas o que é para os estrangeiros imprevisível começa a acontecer; os trabalhadores independentemente de seus parceiros agem por conta própria. Casos exemplares são narrados de forma pungente, como o do engenho Mamulenga. Não poderíamos esquecer Marx, que afirmou que a consciência nasce no desenrolar da luta.

Montenegro, ao pesquisar a memória e a prática dos padres missionários, salienta que as Comunidades Eclesiais de Base surgem na América Latina antes do Concílio Vaticano II para combater o avanço comunista no campo. Com a violência da repressão, tortura e morte de militantes trabalhadores e padres há uma aproximação entre as ligas, comunistas e padres a ponto de ser discutido em Roma a impossibilidade de qualquer aproximação do catolicismo com o comunismo. Os intelectuais franceses comunistas defendem a tese de que comunismo e cristianismo não são incompatíveis, Henri Lefebvre escreve então seu famoso livro *Marxismo e humanismo*, onde explora a questão dos direitos humanos

Há um recorte autobiográfico do autor, que conheceu em criança dom Fragoso, o qual anos mais tarde seria um dos líderes católicos da maior expressão, vítima ele e seus companheiros da repressão e do repúdio da própria hierarquia romana. As memórias de dom Fragoso, sua simplicidade, candura e coerência são passagens inesquecíveis deste livro de surpresas e emoções. A análise rigorosa feita pelo pesquisador do cruzamento de suas memórias com as de dom Fragoso, situando sua atual postura de historiador resulta em um diálogo da memória com a História.

Algumas reflexões brotam da análise empreendida. A passagem do tempo não pode ser sempre responsabilizada pelas alterações que as rememorações introduzem na narrativa do vivido. Um tempo acelerado, pleno de acontecimentos diários repletos de significados, é sempre para alguns, como dom Fragoso, o tempo presente, aquele onde a luta em favor dos despossuídos ainda persiste. Esse é um dos pilares fundamentais onde se assenta a identidade de um banido.

No entanto, há aqueles para quem a história perdeu seu conteúdo referencial, transformando-se em memória dolorosa "daquilo que nem é bom lembrar". Usam de complacência como ao contar um pecado cometido. A situação, anteriormente rica de historicidade, transmuda-se em uma soma de equívocos compreensíveis pelos sucessos posteriores, sugerindo-nos a paradoxal indagação: se o futuro explica o passado e vice-versa, o presente não é passível de análise? É digno de ser assinalada a carreira intelectual desse historiador. Nos anos 1980, muito jovem ainda, foi um dos introdutores da História Oral, professor da Universidade Federal de Pernambuco, tendo pesquisado o bairro Casa Amarela, habitado por trabalhadores de baixa renda. Usando a expressão de Domenico De Masi,[3] constituiu, juntamente com colegas como Antonio Paulo Rezende e Antonio Jorge Siqueira, um grupo criativo que marcou os destinos de vários profissionais e alunos. A capacidade e o entusiasmo de Montenegro foram empregados em reunir pessoas, grupos e instituições que começavam a trabalhar com fontes orais em uma perspectiva interdisciplinar, sendo um dos responsáveis pela criação da Associação Brasileira de História Oral – ABHO e pela *Revista História Oral*.[4] Empenhou-se, também na publicação de livros e em criar núcleos da ABHO em vários estados e Encontros Regionais e Nacionais. Hoje não é mais necessário debater a validade das fontes orais, questão na qual Montenegro tanto se empenhou; seu livro é uma comprovação do significativo papel que elas cumprem para o conhecimento histórico.

Maria de Lourdes Monaco Janotti
*Professora do programa de Pós-Graduação
em História Social da Universidade de São Paulo*

Notas

[1] Agnes Heller, "Uma crise global da civilização: os desafios futuros", em Agnes Heller et al., *A crise dos paradigmas em Ciências Sociais e os desafios para o século XXI*, Rio de Janeiro, Contraponto, 1999, pp. 13-32.

[2] Thomas S. Kuhn, *A estrutura das revoluções científicas*, 8. ed., São Paulo, Perspectiva, 1970.

[3] Domenico De Masi, *A emoção e a regra*: os grupos criativos na Europa de 1850 a 1950, Rio de Janeiro, José Olympio, 1997.

[4] Nessas tarefas de esforço coletivo muito contribuíram Marieta de Moraes Ferreira do CPDOC da FGV, Alice Beatriz da Silva Gordo Lang do CERU da USP e José Carlos Sebe Bom Meihy do DH da USP.

Introdução

Há muitos percursos que se embaralham quando penso e relembro as pesquisas e as escritas deste livro que agora vem a público. O título *História, metodologia, memória* carrega signos de múltiplos significados que foram sendo construídos, elaborados, transformados ao longo desses últimos cinco anos ou talvez um pouco mais. Como um poliedro que se constrói em tempos diversos ou, talvez, pode-se pensar, em espaços convexos, a história aqui narrada foi sendo desdobrada em artigos e capítulos de livros. Entretanto, duas perspectivas se entrelaçam e permeiam a escrita de todo o livro: uma narrativa que privilegia aspectos e temas caros ao debate metodológico e o permanente diálogo com a historiografia anterior e posterior ao golpe civil-militar de 1964.

Nesse sentido, à medida que se apresentava o diálogo com a historiografia, associado às recentes questões metodológicas que inovaram o campo da História, novas perguntas sobre o período anterior e posterior ao golpe civil-militar de 1964 eram formuladas. Ao mesmo tempo, a perspectiva construtivista da história se constituía para mim em um novo desafio, que procurava romper com uma visão dualista e teleológica do fazer historiográfico, mas que era, também, constantemente fustigado pela ameaça do fantasma do relativismo e do solipsismo. "Rachar as palavras: uma história a contrapelo", o texto de abertura do livro, é um movimento de reflexão acerca da operação semiótica que une palavras a significados e coisas. Em razão das recentes discussões da física contemporânea e suas ressonâncias no campo das ciências humanas, em especial na História, noções como acaso, incerteza, real, entre outras, tornaram-se alvo de intensas controvérsias. Neste texto, elegi alguns relatos orais de memória e seus possíveis deslocamentos como exercício de análise em torno da produção da inteligibilidade histórica.

Outra prática metodológica que destaquei como objeto de discussão teórica refere-se aos usos dos relatos orais de memória. No capítulo "Narradores itinerantes" a relação entrevistador *versus* entrevistado, reconhecida como fundamental para a produção do documento constituído na oralidade, é analisada da perspectiva teórica do texto *O narrador: considerações sobre a obra de Nikolai Leskov*, de Walter Benjamin. Por outro lado, procuro apontar o quanto as experiências históricas, tecidas nos relatos orais, devem romper com os sentidos instituídos com base em análises que desconhecem as condições de sua produção, suas estratégias e ordenamentos discursivos. Acredito que colocar questões como essas, centrais ao debate, possibilita pensar a escrita da história contemplando a pluralidade dos sentidos. Por essa trilha, aproximo-me da micro-história, reconhecendo o plano narrativo, as múltiplas formas de contá-la e as estratégias culturais que inscrevem os relatos nas experiências dos atores sociais.

O retorno aos arquivos e textos, tão valorizados pelos historiadores, atentando-nos às produções históricas dos documentos – palavras, categorias, conceitos –, foi fundamental para o trabalho e prática de minhas pesquisas ao longo desses anos. Em especial, destaco a documentação do Departamento de Ordem Política e Social de Pernambuco (Dops-PE) sobre os nomeados anos de chumbo, transferida para o Arquivo Público Estadual, ainda no início da década de 1990. Esta se constituiu em uma coleção fundamental para o percurso historiográfico narrado neste livro, assim como as reportagens e matérias publicadas na imprensa nacional e também internacional.

Os capítulos "Ligas Camponesas e sindicatos rurais em tempo de revolução" e "Labirintos do medo: o comunismo (1950-1960)" foram elaborados em um estreito diálogo com esse diversificado acervo documental. Surpreende a qualquer historiador que estuda os documentos do Dops-PE o amplo aparelho de vigilância e controle criado pela polícia e os detalhados relatórios enviados aos superiores, em que diálogos com trabalhadores, proprietários rurais, lideranças sindicais e políticas são amplamente transcritos, demarcando uma complexa teia de compromissos e antagonismos sociais. Há também um farto material produzido por diversos setores das esquerdas, desde o Partido Comunista até as Ligas Camponesas; essas coleções, por terem sido confiscadas pela polícia em vários períodos, antes e depois do golpe de 1964, possibilitam reconstruir um amplo mosaico dos discursos e práticas desses setores, em distintos momentos e contextos que definem convenções, regras e códigos a serem observados. Ainda sobre as fontes estudadas, a análise da imprensa revela uma intensa luta pelo domínio daquilo que se poderia denominar história do presente, assinalando as dimensões que as experiências adquirem na perspectiva de um combate pelo futuro da história. Assim, a disputa que se apresenta nos jornais de diferentes tendências político-ideológicas pela hegemonia do sentido ou do significado que é atribuído ao fazer miúdo dos acontecimentos cotidianos torna-se o palco em que parece estar sendo definido o futuro do país e, portanto, da sua história.

Por outro lado, encontrei também no *The New York Times* inúmeras reportagens sobre o avanço do comunismo no Brasil e, em especial, no Nordeste. Esse jornal, que representa, sem dúvida, uma tendência dominante na imprensa dos EUA no período, constrói um Brasil que se encontra na iminência de se transformar em uma nova Cuba. Nesse sentido, tanto uma parte da imprensa no Brasil como o *The New York Times* organizam um discurso de uma grande onda comunista, possivelmente saindo do Nordeste (entenda-se Pernambuco). Segundo essa imprensa, as Ligas Camponesas incendeiam o meio rural por meio de suas práticas e discursos, que já se propagam para outros estados. E esse perigo torna-se ainda mais iminente, uma vez que, com a eleição de Miguel Arraes para governador, em 1962, e de Pelópidas da Silveira para prefeito do Recife, em 1963, o aparelho de Estado encontra-se sob o completo domínio das esquerdas tanto no nível municipal como no nível estadual, no estado mais importante do Nordeste. A série ou conjunto de matérias e reportagens encontradas nesses jornais é importante, pois informa acerca de discursos que, ao mesmo tempo em que constroem um cenário futuro apresentado como verdadeiramente ameaçador para diversos segmentos da sociedade, são também uma leitura de mundo representativa de determinados setores sob o domínio da Guerra Fria. Esses documentos foram analisados em sua organização discursiva e material, suas condições de produção e suas utilizações estratégicas.

Os estudos e análises que desenvolvi à medida que narrava essas histórias estiveram marcados por uma preocupação metodológica acerca da acirrada disputa em torno da produção de significados sobre o presente. Nessa construção, uma outra dimensão que se incorpora a essa perspectiva analítica é a questão do medo enquanto experiência histórica, que adquire contornos muito próprios nesse período. Afinal, a retórica da ameaça comunista, que domina os meios de comunicação e também o discurso e a prática de diversas instituições, aparece associada à destruição de valores e práticas muito caros à sociedade, como a família, a propriedade privada e a religião. Nesse âmbito é que analiso documentos em que discursos, imagens e práticas, produzidos por diversas instituições e representantes da sociedade civil, semeiam um sentimento de perigo, de ameaça e de medo.

A pesquisa histórica acerca da acirrada luta política que se estabelece nas décadas de 1950 e 1960 no Brasil não pode prescindir do estudo sobre a atuação da Igreja Católica. Foi em torno desse tema que escrevi os capítulos "Arquiteto da Memória: nas trilhas dos sertões de Crateús" e "Política e Igreja Católica no Nordeste (1960-1970)". A encíclica *Fidei Donum*, lançada por Pio XII e depois reafirmada e ampliada por João XXIII, é reveladora de uma política mundial dessa instituição contra o comunismo, o espiritismo e o protestantismo. Padres europeus, americanos do norte e canadenses são convocados para atuar inicialmente na África e em seguida na América Latina, onde há, segundo a Igreja, carência de vocações sacerdotais. Esse fato, associado ao avanço dessas três forças – comunismo, espiritismo, protestantismo –, é visto como um grande perigo para a Igreja, que corre o risco de perder a hegemonia religiosa sobre a população desses continentes. Desse modo, essa política mundial de Roma irá informar e ao mesmo tempo ajudar a situar a relação que se estabelece entre setores da Igreja Católica e as esquerdas antes do golpe de 1964; e também a lenta mudança política que se observa nessa instituição à medida que o regime se consolida e se apresenta autoritário e repressor dos movimentos sociais. Assim, um dos caminhos da pesquisa foi construído com base nas histórias de vida de alguns padres europeus que emigraram para o Brasil, sob os auspícios da encíclica *Fidei Donum*; as quais revelam como alguns deles, surpreendentemente, após o golpe de 1964, passaram a ser taxados de comunistas, presos e expulsos do país.

Finalmente, duas outras dimensões estiveram bastante presentes na elaboração dos textos que compõem este livro, sobretudo quando se coloca a questão da atuação da Igreja Católica e do governo dos EUA em relação ao Brasil. A primeira é a forma como uma parcela da classe política, econômica e mesmo religiosa do Brasil se alia a forças mundiais para enfrentar seus adversários internos, nomeados de comunistas, no período pré-golpe. Nesse sentido, procurei afastar qualquer sinal de pensar o Brasil como vítima do imperialismo, quer da perspectiva dos EUA, quer da Igreja Católica. Assim, o imperialismo em sua forma de atuação econômica, política e cultural foi pensado neste livro dentro de uma lógica muito próxima ao que escreve Edward Said (1995: 23):

> Uma das realizações do imperialismo foi aproximar o mundo, e embora nesse processo a separação entre europeus e nativos tenha sido insidiosa e fundamentalmente injusta, a maioria de nós deveria agora considerar a experiência histórica do império como algo partilhado em comum.

A segunda dimensão, que a documentação do período coloca ao historiador, relaciona-se à complexa ligação que se estabelece entre os representantes do Estado e os da Igreja Católica, especialmente após o golpe de 1964. Colaboração e confronto permearão a relação entre Estado e Igreja, em que o estudo da atuação de um bispo (dom Antonio Fragoso), denunciado pelos seus próprios pares como comunista, constitui-se em uma história exemplar para a análise das lutas políticas do período e quiçá do futuro.

E pode-se pensar essa trama política, religiosa, social na perspectiva do tempo presente enquanto categoria histórica. Algo que vai além da própria história do tempo presente, pois remete ao conhecimento daquilo que se repete, embora nem sempre igual, e dessa forma possibilita ver também o que há de novo. "Tal vez menos de lo que solemos suponer. Este poco es lo importante" (Koselleck, 2001: 133).

Porém, ao historiador – em sua senda de pesquisa, análise, crítica, aproximação e afastamento de objetos e questões, formulações metodológicas entre o sonhar acordado e o adormecer pensando – ainda se apresenta o desafio englobante da escrita. E nessa hora o poeta, por meio de suas metáforas hiperbólicas, talvez sintetize mais esse constante desafio:

> O que acontece é que escrever
> é ofício dos menos tranquilos:
> se pode aprender a escrever,
> mas não a escrever certo livro.
> Escrever jamais é sabido;
> O que se escreve tem caminhos;
> escrever é sempre estrear-se
> e já não serve o antigo ancinho. (Melo Neto, 1995: 584)

A realização deste livro só foi possível em razão do apoio do CNPq por meio de uma bolsa de produtividade. Por outro lado, não poderia deixar de registrar a colaboração de estudantes de Iniciação Científica e a satisfação em constatar que hoje alguns já concluíram seus mestrados e outros iniciaram seus doutorados. Assim, meus agradecimentos a Pablo Porfírio, Márcio Ananias, Taciana Santos, Samuel Maupeou, Ricardo Bezerra e Carlos Gomes. Quero ainda consignar que os convites para participar de livros e coleções, escrevendo capítulos, constituíram-se em um forte estímulo para a construção do percurso realizado neste livro. Dessa forma, meus agradecimentos a Jorge Ferreira, Lucília Neves, Daniel Aarão, Ângela de Castro pela oportunidade de participar de obras que organizaram. Gostaria ainda de lembrar as contribuições intelectuais da amiga Marieta de Morais Ferreira, que me foram muito úteis em diversas passagens deste trabalho. Um agradecimento muito especial à prof.ª Maria de Lourdes Janotti, que tem sido uma grande amiga desde a minha banca de defesa de doutorado. Para mim, um exemplo de historiadora, amiga solidária e postura ética, parceira também nas nossas militâncias na Associação Brasileira de História Oral.

Graça Galindo é uma amiga dos tempos da graduação que se fez economista e hoje, depois de longos anos de Banco Central, realiza nas horas vagas revisões de textos com muita competência. É um privilégio tê-la como revisora, o que proporciona maior clareza e correção aos meus artigos, capítulos de livros e mesmo livros. Este livro deve muito ao seu trabalho criterioso e dedicado e só tenho a lhe agradecer enormemente.

A historiadora Regina Beatriz Guimarães Neto, companheira de muitas caminhadas, tornou-se a leitora crítica de tudo que escrevo. Nessa convivência de anos aprendi muito do seu estilo, do seu rigor metodológico, da abrangência de suas análises. Este livro sem dúvida tem muito do seu olhar historiográfico, das suas sugestões, das suas correções e acréscimos, mas se falhas existirem, e existirão, são inteiramente responsabilidade minha. O amor e o carinho com os quais Regina procura fazer-me entender suas observações, críticas e correções tornaram esse percurso de anos uma boa memória.

Rachar as palavras:
uma história a contrapelo

Desde a época de minha graduação em Filosofia, passei a nutrir uma grande admiração por Heráclito de Éfeso. Provavelmente meu mestre Walteir Silva teve alguma influência nisso, ao nos ensinar que para aquele filósofo pré-socrático o princípio de tudo se explicava pelo movimento, e o seu símbolo era o fogo, e a sua metáfora mais expressiva era a de que não se entrava duas vezes no mesmo rio. A concepção que regia essas representações se manifestava no enunciado: "Nos mesmos rios entramos e não entramos, somos e não somos" (Éfeso, 1973: 90).

Naquela época, o fascínio por Heráclito advinha, sobretudo, da linha evolutiva que se estabelecia entre seu pensamento, nomeado de dialético, e os estudos que fazíamos do marxismo. No entanto, a dialética de ambos se diferenciava num ponto fundamental. Para o marxismo, com o desaparecimento do capitalismo não haveria mais luta de classes, portanto, seria o fim da contradição capital *versus* trabalho. Por extensão, essa teoria defendia ser possível alcançar uma sociedade sem classes. Dessa forma, determinava-se o fim da dialética.

Os anos se passaram e Heráclito e sua metáfora do movimento vinham constantemente à tona em minhas leituras, sobretudo porque, ao afirmar que tudo se encontra em constante mudança, tornaram-se uma referência contemporânea para diversas áreas do conhecimento. Durante mais de três séculos, estas foram regidas pelo método científico, que estabelecia só ser possível construir um conhecimento certo e seguro partindo daquilo que se apresentava de forma clara, objetiva e evidente. No entanto, o século XX simbolizou a ruptura, a desconstrução dessa representação do conhecimento. O estatuto que remetia ao tempo e espaço absolutos de Newton, bem como ao determinismo que regia todo o universo segundo Laplace, se esvaecia. A teoria geral da relatividade e a mecânica quântica seriam responsáveis por esse movimento de quebra do paradigma científico e do conjunto de signos que ele emitia. Nesse sentido, é reveladora a observação do físico alemão Heisenberg (1996) de que, na escala atômica, o mundo objetivo do tempo e do espaço não existe, e os símbolos matemáticos da física teórica referem-se a possibilidades e não a fatos.

Entretanto, para muitos que trabalham na área das ciências denominadas humanas, essas mudanças parecem ainda não ter sido avaliadas amplamente. Como afirma o físico inglês Stephen Hawking (2005: 96):

> O princípio da incerteza de Heisenberg é uma propriedade fundamental, inescapável, do mundo e teve profundas implicações na maneira como vemos o mundo. Mesmo depois de setenta anos, estas implicações não foram inteiramente compreendidas por muitos filósofos e ainda são motivo de muitas controvérsias.

No campo da História, a relação com a ciência tem sido alvo de muitos debates. Não é fortuito que Paul Veyne, no seu hoje considerado clássico *Como se escreve a História*, tenha dito: "A história não é uma ciência e não tem muito a esperar das ciências; não explica e não tem método; mais ainda a História, da qual se fala muito desde há dois séculos, não existe." E concluiu afirmando que "a resposta à questão não mudou desde os sucessores de Aristóteles: os historiadores narram acontecimentos verdadeiros que têm o homem como ator; a história é um romance verdadeiro" (Veyne, 1998: 10).

Realmente, em pleno século XXI, podemos repensar a relação da História com a ciência, ou mais propriamente com o modelo clássico de ciência que dominou o conhecimento durante três séculos. Paul Veyne provavelmente estava se referindo a esse modelo – o qual aprendemos nos bancos escolares e domina o senso comum –, que descobre verdades e estabelece leis; que define causas e antecipa consequências; em que a definição do método é a condição *a priori* para se obter o conhecimento. Esse método, nomeado científico, define os passos, as etapas, instituindo antecipadamente o caminho a ser seguido para obtenção da verdade.

Desde o final do século XIX, esse método científico clássico vem sendo gradativamente desconstruído. Todavia, as diversas práticas historiográficas que com ele operavam, a partir de diferentes mediações, em face das mudanças no campo da Física, da Matemática e de outras áreas, não romperam de forma automática com seus métodos e técnicas de pesquisa, seus referenciais teóricos e procedimentos narrativos. A História foi uma das áreas do conhecimento que, na sua busca para adaptar o método científico à prática historiográfica, acabou por agenciar verdades que hoje nos parecem inconcebíveis; entre elas, a de que *povo sem escrita seria povo sem história*. Entretanto, um caminho possível para pensar uma nova forma de relação entre os diferentes campos do conhecimento é apresentado por Gilles Deleuze (1992), que recorre ao termo ressonância e constrói a representação de que a ciência, a filosofia e a arte seriam como linhas melódicas estrangeiras que, por razões intrínsecas, estabeleceriam relações de troca entre si.

Apesar da grande influência do método científico, existiram filósofos que tentaram romper com o postulado da evidência, haja vista o anticartesianismo de Vico, Locke, Berkeley e Hume, ao longo do século XVIII. O positivismo no século XIX, porém, significou um forte retorno ao modelo cartesiano, sobretudo porque buscava estabelecer um paralelo entre a forma como a natureza era compreendida (determinista, causal, submetida a leis) e a história. Entretanto, esta era uma relação que colocava problemas, na medida em que a natureza era considerada um modelo estático e a história um modelo em constante progresso. Com Darwin e sua teoria da seleção natural, o movimento, a mudança, o progresso passaram a ser vistos também como próprios à natureza. Dessa maneira, estabelecia-se uma nova conciliação entre a história e a natureza.

A tradição positivista inspirada em Auguste Comte produziu marcas indeléveis na História, especialmente diante da importância que ele atribuiu à identificação do que se passou a denominar fato histórico, pois a partir do estudo deste seria possível estabelecer leis que regeriam a história, assim como os cientistas faziam em seus estudos da natureza. Foi em parte no interior desse debate que Ranke defendeu a tese de que a função precípua da História é relatar o fato *como verdadeiramente aconteceu*, refutando o estabelecimento de leis gerais como postulava Comte.

Quando nos debruçamos sobre as várias perspectivas teóricas em que a História se fundamentou do século XVII ao início do século XX, podemos perceber a força de um modelo científico que defende a existência de uma realidade natural, pronta, matematicamente determinada e submetida a leis, independente da intervenção ou participação humana. O positivismo pode ser visto como mais uma apropriação desse modelo, na perspectiva das ciências humanas, ao aproximar do modelo de natureza da época a concepção de sociedade. Afinal, desde o século XVIII, as ciências físicas, químicas, matemáticas, biológicas obtiveram grandes avanços utilizando-se do denominado método científico. Conhecer era, sobretudo, uma *relação entre sujeito e objeto na qual o sujeito era determinado pelo objeto*.

Essa visão do conhecimento partia do pressuposto de que havia um mundo pronto e acabado diante de nós e que, para conhecê-lo, bastava utilizar o método corretamente. Em outros termos, conhecer era aplicar o método científico que possibilitava descobrir as leis e as verdades prontas e acabadas que governavam o mundo. A verdade estava para ser descoberta. Logo, o conhecimento significava uma correspondência entre o conceito ou a palavra e o mundo material. No esteio dessa perspectiva, muitas expressões como *objetivo, evidente, claro* se popularizaram como sinônimos de verdade, e foram incorporadas ao senso comum. Algo era verdadeiro porque havia uma prova material – o fato de ser considerado objetivo – que dava suporte ou garantia à relação entre o conceito e o mundo material. No entanto, como assinalei, as descobertas no campo da Física

> pulverizaram todos os principais conceitos da visão de mundo cartesiana e da mecânica newtoniana. A noção de espaço e tempo absolutos, as partículas sólidas elementares, a substância material fundamental, a natureza estritamente causal dos fenômenos físicos e a descrição objetiva da natureza – nenhum desses conceitos pôde ser estendido aos novos domínios em que a física agora penetrava. (Capra, 1991: 69)

O campo da História não ficou incólume a esse debate. As novas concepções obrigavam-no a repensar o conceito de causa e a reavaliar a sua própria escrita, até então submetida a um tempo linear e cronológico. Ao se estudarem os acontecimentos passados por meio de documentos, sobretudo os escritos oficiais, a partir de uma compreensão teórica causal e determinista, observava-se a comprovação no campo da História de um princípio que imperara na ciência até então. Desse modo, o documento escrito (o oral era considerado incerto e passível de muitas deturpações) não só era a prova do acontecido, como deveria possibilitar o *resgate* da verdade histórica, do significado evidente que se encontrava impresso e expresso no acontecimento. Nessa perspectiva, o historiador definia técnicas que lhe possibilitavam verificar a autenticidade e a procedência do documento, e estabelecia o método que se constituía no caminho seguro para a descoberta do verdadeiro significado dos acontecimentos passados.

Assim, os cordéis, os relatos da tradição oral popular, as entrevistas de história de vida e/ou temáticas, os prontuários de hospitais, os livros de registros de presidiários, os boletins de ocorrências das delegacias de polícia, a literatura, a fotografia, o cinema não se constituíam em fontes para o historiador. Afinal, o que conteriam de verdade documentos de procedências tão diversas, muitos resultantes da pura imaginação de seus criadores? Segundo os critérios técnico-científicos da ciência dominante, a verdade científica deveria ser buscada em outras fontes.

Outro campo em que é possível estabelecer paralelos com a historiografia pode ser encontrado nas reflexões de Georges Canguilhem acerca da Biologia e da Medicina. Ao estudar como os conceitos de normal e patológico foram desenvolvidos na Fisiologia e Biologia no decorrer dos séculos XIX e XX, Canguilhem (1995) opera uma série de rupturas com a visão habitual de saúde e de doença na medicina. Sua pesquisa possibilita instituir uma representação da ciência como sistema aberto que espontaneamente faz e refaz sua própria história a cada instante. Logo, não há lugar para se pensar a ciência como progresso cumulativo. Antes, sua história está pontuada de descontinuidades, em que algo considerado errado ou mesmo uma questão secundária pode vir a tornar-se fundamental para lidar com um problema recém-descoberto. Um exemplo seria a fermentação não celular – um fenômeno colateral durante o reinado de Pasteur e sua microbiologia –, que só marcou uma ruptura essencial quando a fisiologia das enzimas se desenvolveu.

A partir dessa perspectiva teórica da produção do conhecimento como um campo sem leis predeterminadas, Canguilhem centra sua análise da história da ciência no estudo dos meios que possibilitam estabelecer o regime do verdadeiro e do falso. Dessa forma, o foco não seria mais a verdade em si, ou o objeto, mas as relações, os regimes enunciativos, as práticas que produzem, naturalizam o verdadeiro e o falso como coisas em si. E essas relações estariam marcadas pelas descontinuidades. Assim, o que é considerado normal não pode ser compreendido fora da relação entre o ser vivo e o ambiente social, que o constitui e o nomeia como tal. O normal e o doente, nessa perspectiva, devem ser estudados como relação provisória e aberta a constantes mutações.

O MUNDO COMO INVENÇÃO

As transformações observadas a partir do final do século XIX no campo da Física, da Matemática, da Química não têm o mesmo significado para os próprios cientistas. O fato de a ciência não ter mais um princípio único que explique todo o universo não significa que a ciência clássica não continue a dar suporte a muitas pesquisas e, por extensão, à vida prática.

A teoria da relatividade geral – ao afirmar que a menor distância entre dois pontos é uma curva – e o princípio da incerteza da teoria quântica – ao apontar que a lei causal é falha e, portanto, é impossível determinar porque um átomo se desintegra num dado momento e não no seguinte – irão concorrer para o fim de uma teoria única para explicação do universo. Em outros termos, a Física passa a trabalhar com teorias parciais. A teoria da relatividade geral é uma teoria do espaço, do tempo e da cosmologia; opera com as grandes escalas e parcela significativa das observações que confirmam esta teoria vem da astronomia. Já a teoria quântica é capaz de explicar propriedades da matéria e da radiação, nas escalas moleculares e ainda menores. Assim, o mundo que nomeamos físico e que nos rodeia é compreendido e estudado a partir de teorias bastante distintas, dependendo do foco da análise.

O filósofo e matemático austríaco Ludwig Wittgenstein responsabilizava a Matemática, e o fascínio metafísico que ela despertava, pela veneração que se produzia em torno da ciência. Esse fascínio advinha de se acreditar que a Matemática seria capaz de descobrir fatos sobre objetos matemáticos (números, conjuntos etc.). Para Wittgenstein, "o que se chama descoberta matemática deveria chamar-se invenção matemática" (Monk, 1995: 373), porque a Matemática não oferece a verdade, mas apenas fixa o significado de certos signos, pois suas proposições são gramaticais.

Essa maneira de pensar o conhecimento matemático como invenção tem-se constituído em mais um elemento na desconstrução do modelo clássico do que se costumou denominar conhecimento científico. Entre as múltiplas ressonâncias que se podem conceber acerca do movimento de aproximação da História com a Biologia, a Física, a Matemática, em que se privilegia o conhecimento como relação e construção de modelos explicativos, está a ruptura com o primeiro postulado do método cartesiano, que era o de

> [...] jamais acolher alguma coisa como verdadeira que eu não conhecesse evidentemente como tal; isto é, de evitar, com todo cuidado,

a precipitação e a prevenção, só incluindo nos meus juízos o que se apresentasse de modo tão claro e distinto à minha mente que não houvesse nenhuma razão para duvidar. (Descartes, 1962: 53)

Esse postulado, que concorreu de forma dominante para a produção do conhecimento em diversos campos da ciência durante séculos, foi alvo de crítica do próprio Einstein (1994: 76), ao afirmar: "Compreendemos hoje, com especial clareza, o quanto estão equivocados os teóricos que acreditam que a teoria provém da experiência, por indução. Nem o grande Newton conseguiu escapar desse erro." Ou seja, a evidência, que segundo Descartes se constituiria na garantia da apreensão do objeto, não é considerada mais como ponto de partida para a obtenção de um conhecimento verdadeiro.

Nesse sentido, Einstein (1994: 99) detalha como pensa o desenvolvimento da Física:

> A física constitui um sistema lógico de pensamento que está em estado de evolução e cujas bases não podem ser obtidas por destilação das experiências vividas, através de algum método indutivo, mas somente pela livre invenção do espírito humano.

Assim, a capacidade de criar, de inventar é considerada como um atributo fundamental para o desenvolvimento científico. A esse respeito, é bastante reveladora uma passagem do livro autobiográfico de Heisenberg (1996: 75), em que ele recorda e descreve o impasse vivido no período que antecedeu a criação da lei das probabilidades, e como foi decisiva uma frase de Einstein numa conversa que tiveram: "É a teoria que decide o que podemos observar." Ou seja, a ciência constitui uma rede teórica abstrata que está constantemente formulando modelos de enorme complexidade, e sua linguagem há muito abandonou os signos e as metáforas da linguagem cotidiana para operar com as formulações da física atômica.

Por outro lado, é de certa forma surpreendente observar como Einstein, que concorreu tão fortemente para o fim do modelo único de explicação do universo, estabelecido pela ciência clássica, tenha ao mesmo tempo demonstrado uma permanente resistência em aceitar o princípio da incerteza da física quântica. O próprio Heisenberg (1996: 98) constrói uma explicação para essa atitude do físico:

> Einstein dedicara a vida a investigar o mundo objetivo de processos físicos que têm lugar no espaço e no tempo, independentes de nós, de acordo com leis exatas. Os símbolos matemáticos da física teórica representavam o mundo objetivo e, nessa condição, deveriam permitir aos físicos fazer afirmações sobre o futuro comportamento do mundo. Agora, afirmava-se que, na escala atômica, esse mundo objetivo do tempo e do espaço nem sequer existia, e que os símbolos matemáticos da física teórica referiam-se a possibilidades, e não a fatos.

Dessa forma, a física quântica passava a trabalhar com níveis de realidade que não são objeto da nossa experiência cotidiana, e a representação de conhecimento como relação entre sujeito e objeto, que herdamos de toda a tradição do racionalismo iluminista, era ainda mais estilhaçada. Era em parte por compreender a extensão das mudanças radicais que a teoria quântica introduzira no campo da Física e também do conhecimento que Einstein (1994), apesar de reconhecer que ela fornecera a chave para a interpretação e o cálculo de um grupo heterogêneo de fenômenos da experiência, continuaria afirmando que ela era capaz de induzir a erros, porque se constituía numa representação incompleta das coisas reais.

Poder-se-ia então pensar que a disputa que se apresentava entre teoria da relatividade e teoria quântica estaria relacionada, em última instância, à questão de ser a favor ou contra a possibilidade de uma nova teoria única explicativa de todo o universo. E que, na visão de Einstein, a teoria quântica se distanciava ainda mais dessa possibilidade. No entanto, não seria esse o pensamento de Heisenberg, que revelava também estar em busca de uma teoria única ao retratar um diálogo com o físico Wolfgang Pauli, em que afirmara: "Na ciência, pode-se reconhecer a ordem central pelo fato de podermos usar metáforas como 'a natureza foi feita de acordo com tal plano'." No entanto, o que seria essa ordem central para Heisenberg? Nas suas próprias palavras, seriam as experiências inteiramente corriqueiras, ou seja: "passado cada inverno, as flores desabrocham nos prados; terminada cada guerra, as cidades são reconstruídas. O caos sempre cede lugar à ordem" (Heisenberg, 1996: 249-50). O que se observa, em última instância, é que ambos, Einstein e Heisenberg, continuavam a acreditar na possibilidade de construir uma lei única para explicação do universo.

No entanto, na visão do físico Fritjof Capra (1991), a mecânica quântica introduzira rupturas radicais com os modelos cartesianos de pensar, de perceber e de agir, e o esforço para encontrar uma teoria única refletiria a força da herança cartesiana. Para Capra, diversos aspectos da Física moderna operaram uma completa desconstrução dos referenciais fundadores dessa ciência.

A partir da Física moderna não existem mais coisas com qualidades intrínsecas; elas dependem do meio ambiente. No nível subatômico, os objetos materiais sólidos da física clássica dissolvem-se em padrões ondulatórios de probabilidades. E não são probabilidades de coisas, ou de objetos, mas de interconexões. Assim, na teoria quântica os físicos não lidam com *coisas*, mas com relações. Ou ainda, como escreveu o físico Niels Bohr, "as partículas materiais isoladas são abstrações, e suas propriedades são definíveis e observáveis somente através de sua interação com outros sistemas" (apud Capra, 1991: 75). Dessa forma, o foco de análise da Física não seria mais o objeto, mas as relações, porque isoladamente a natureza, no nível subatômico, não revelaria qualquer objeto. Assim, se não temos objetos, nem um mundo a ser descoberto, mas relações ou interconexões, as palavras também, ao serem enunciadas, não oferecem por si a verdade do mundo. Por extensão, não é possível mais estabelecer definições em que as palavras ou os conceitos conteriam o próprio sentido e significado do mundo. As palavras não operam como representação mágica que ao ser enunciada revela o conhecimento, de forma clara e objetiva.

Poderíamos encontrar, nessa representação do mundo que a Física moderna cria, um estreito paralelo com a História, na perspectiva da análise desenvolvida por Paul Veyne (1998: 243), quando afirma:

> Dito de outra maneira, é preciso desviar os olhos dos objetos naturais para perceber uma certa prática, muito bem datada, que os

objetivou sob um aspecto datado com ela; pois é por isso que existe o que chamei anteriormente, usando uma expressão popular, "parte oculta do iceberg": porque esquecemos a prática para não mais ver senão os objetos que a reificam a nossos olhos. [...] Em vez de acreditar que existe uma coisa chamada "os governados" relativamente à qual os governados se comportam, consideremos que os "governantes" podem ser tratados seguindo práticas tão diferentes, de acordo com as épocas, que os ditos governados não têm senão um nome em comum.

Em outras palavras, Veyne está colocando que também na História as coisas, os objetos, os seres, isoladamente, nada expressam, além do seu significante. No que tange ao termo governado, por exemplo, este só existe ou só adquire significado histórico mediante o estudo de suas práticas, analisando suas relações. Seria essa uma das grandes contribuições de Foucault para a história, na visão de Veyne.

Foucault (1979: 5) observa que "o problema é ao mesmo tempo distinguir os acontecimentos, diferenciar as redes e os níveis a que pertencem e reconstituir os fios que os ligam e que fazem com que se engendrem, uns a partir dos outros". A partir do estudo das relações, das práticas, dos fios, das ligações, que são associados a acontecimentos, é que podemos construir formas de entendimento histórico. Ou ainda, como afirma Deleuze (1992: 151), a questão não é mais estudar a origem ou a causa, nem a finalidade ou a consequência, mas *o que se passa entre*. Dessa maneira, a análise histórica tem como foco primordial as relações, os percursos, as práticas, porque através do seu estudo é que se poderão construir outras formas de compreensão, que desnaturalizem a relação ou a representação que procurava associar de forma unívoca o objeto ou a coisa à palavra. É nessa perspectiva que Deleuze e Veyne reafirmam a proposta de Foucault de rachar as palavras, rachar as coisas; desnaturalizá-las e ir em busca dos fios que as engendram, que as significam.

Algumas pesquisas têm trazido à tona relatos que poderão nos acompanhar no movimento de transformar as reflexões metodológicas desenvolvidas ao longo deste capítulo em prática historiográfica. Nesse sentido, é surpreendente como em algumas passagens de depoimentos de homens e mulheres das camadas pobres opera-se esse movimento de rachar as palavras, de descrever outra prática e, por extensão, alterar o significado, desconstruindo a associação que se quer natural entre o signo e a coisa. Ou, ainda, como esse movimento de desnaturalizar as palavras revela um combate, uma luta na história, um desfazer de laços e armadilhas que trazem embutido o controle constante sobre a vida e o fazer dos trabalhadores pobres e, por que não dizer, de todos nós.

Os caminhos de Mato Grosso

A historiadora Regina Guimarães, entrevistando trabalhadores que se dispõem a tarefas avulsas nas fazendas de soja, algodão ou mesmo em empreitadas de desmatamento nos arredores das pequenas e ricas cidades de Mato Grosso, entrou em contato com alguns grupos que são usualmente denominados "pés inchados". Essa expressão – que se tornou corriqueira nessas áreas[1] – opera como sinônimo de trabalhador de baixa qualificação, em constante movimento pelas estradas em busca de novos trabalhos, sem família e, costumeiramente, sob efeito de alguma bebida. A expressão pé inchado, ao objetivar essas características, naturaliza e estabelece um perfil de trabalhador que autoriza uma ação constante da polícia, reprimindo-o e proibindo sua permanência nas praças e entroncamentos; ou outras ações do poder público no sentido de instituir práticas de vigilância constante que cerceiam o direito de entrada e saída, nos limites de algumas dessas cidades – como Primavera do Leste, Vila Rica, Sorriso.

A experiência relatada pelo próprio trabalhador, no esforço de desconstruir a denominação que lhe é impingida, é reveladora de como ela o torna alvo fácil de uma série de práticas de violência e desrespeito aos contratos de trabalho. Ao mesmo tempo, aponta a falta de atuação mais afirmativa do poder público na negociação dos conflitos trabalhistas. No seu relato, Zenon Silva Santos, natural do estado do Maranhão, afirma:

> Pé inchado, todo mundo tem o nome de pé inchado aqui, é só ficar nessa área da Rodoviária, pode ir para onde quiser que é sempre

pé inchado! Mas a gente vive aqui, olha minhas mãos [com enormes calos]; isso aqui é motosserra, é foice, trabalhando tudo aí... Pé inchado aqui não existe. Eu estou suando, eu falo na cara de quem quiser, sou vindo da capital, Falo a verdade, eu não sou mentiroso, aqui eu conheço, sou um trabalhador! (Apud Guimarães Neto, 2003: 59)

Para Zenon, suas mãos são a prova irretorquível da sua identidade. E ele demonstra uma aguda consciência de que o termo pé inchado, ao procurar apagar sua marca de trabalhador, engendra uma série de representações que o tornam alvo da polícia. Afinal, a linguagem é uma prática. É nesse território que situa sua fala, seu brado, sua reação indignada contra aquele termo, signo perigoso que ameaça apagar sua história de trabalhador. Deve rachar aquela palavra. Porém, reconhece que os próprios colegas, muitas vezes, ao não reagirem àquele discurso, concorrem para a perpetuação do uso da violência contra eles: "Sou um lavrador! Vocês derrotam a nós mesmos, nós não somos pés inchados. Agora, gente safada aqui tem, cadê o pessoal do Fórum para resolver o nosso problema?" (apud Guimarães Neto, 2003: 59). E aponta a ausência do poder público como mediador dos conflitos trabalhistas, no que é corroborado pela fala de outro trabalhador:

> Cadê assistente social? Cadê o pessoal do Fórum que dá valor ao trabalhador? Aqui em Juína é só "cartucho", um em cima do outro. Se você deve para mim, se eu for cobrar você, sabe o que eu vou receber? Um tapa no meio da cara!

Observa-se como vai sendo tecida uma rede que procura controlar, interditar a prática da cidadania, o livre exercício de direitos e deveres. Sobretudo se pensarmos que essas são mediações labirínticas, nas quais aquele que se pensa e se reconhece pé inchado interioriza, subjetiva alguém sem direitos, e passa a agir e comportar-se a partir de uma lógica que o anula como cidadão, como trabalhador, conforme afirma Zenon: "Vocês derrotam a nós mesmos, nós não somos pés inchados."

É nessa trilha que a historiadora Ana Maria de Souza (2004), ao estudar o fluxo migratório para Cuiabá na década de 1990, mapeia os diversos discursos produzidos pelo poder público (secretarias de governo e órgãos de assistência social), pela imprensa e por políticos defendendo a criação de mecanismos de controle e outras estratégias que barrassem ou dificultassem a vinda de pessoas e famílias pobres para a cidade. Segundo esses registros, ao desembarcar com pouco ou nenhum dinheiro, essas pessoas iam ocupar as praças, os logradouros, os viadutos e, algumas vezes, transformavam a rodoviária em seu lar.

Numa matéria publicada na imprensa com o título "Rodoviária é morada de indigentes", Ana Maria destaca o breve diálogo entre a jornalista que produziu a reportagem e uma dessas pessoas nomeadas de moradoras da rodoviária. O título da matéria já aponta uma associação considerada não natural em relação ao termo rodoviária, ou seja, rodoviária e moradia são termos que assinalam uma incongruência, um elo proibido. Os leitores, ao se deparar com aquela reportagem, devem ter sentido o impacto de uma ruptura, que rachava inteiramente com o significado considerado próprio ou natural da palavra rodoviária. Para o dicionário *Aurélio*, rodoviária significa "estação de embarque e desembarque de passageiros", no entanto, segundo a imprensa, os indigentes estariam ressignificando aquele lugar, aquele espaço de passagem, ao transformá-lo em lugar de permanência. Ao mesmo tempo, uma simples reportagem, entre as inúmeras que se poderiam relacionar sobre a cidade e seus lugares, seus fluxos e seus significados, revela o constante temor da inversão do signo de uma ordem que se representa como natural. E esse perigo decorre (o que é considerado mais grave) da ação dos pobres, dos indigentes.

A jornalista, ao trazer para sua matéria a própria fala de uma mulher nomeada "moradora da rodoviária", busca validar e oferecer ao leitor o suporte da prova a seu relato. No entanto, encontra alguém bastante treinado nos perigos e nas armadilhas que são comuns do viver a contrapelo. A narrativa não transcreve quais teriam sido as perguntas da jornalista, no entanto, o texto nos induz a pensar em algo como: *A senhora mora na rodoviária? A senhora tem família? Qual o seu nome?*... Ao ler as respostas, encontramos alguém próximo aos personagens fantásticos de Macondo,[2] que rompe com os significantes considerados naturais e, aproximando-se do comportamento dos loucos, subverte a ordem e a lógica dominante. Para escapar da captura jornalística, do perigo de um laço, suas respostas revelam uma fantástica pirueta: "Sou dona da Rodoviária. Minha família é a família imperial. Não tenho nome, quem sabe é a polícia...".

Sair do círculo, tornar-se inapreensível, revirar as palavras. Essa é a trilha que a moradora errante cria para escapar, estabelecer sua linha de fuga e assim transformar-se em fluxo, em puro movimento ou: *uma, nenhuma, cem mil*[3] identidades. E, ao mesmo tempo, projeta a jornalista no mesmo campo da polícia, ao afirmar que não tem nome; mas *aquele* que a jornalista procura já está com a polícia, não é o dela, ou mais propriamente não se reconhece nele, é o dela – da polícia –, e possivelmente servirá ou atenderá à jornalista.

Revisitando o Nordeste

Como se tornou bastante conhecido na historiografia, de meados da década de 1950 até as vésperas do golpe militar de 1964, o Nordeste do Brasil, e em especial o estado de Pernambuco, passou a ser considerado uma área de grande mobilização de trabalhadores rurais, por intermédio, sobretudo, das Ligas Camponesas. Para uma parte da imprensa nacional e internacional, outro aspecto que tornava esse estado um território dominado pelas esquerdas era o fato de que os cargos do executivo municipal (Recife) e estadual vinham sendo ocupados de maneira crescente por políticos como Pelópidas da Silveira (filiado ao Partido Socialista) e Miguel Arraes (visto como comunista, apesar de filiado ao Partido Trabalhista Nacional).

Sem dúvida, o meio rural era palco de disputas bastante acirradas, principalmente a partir do momento em que o deputado socialista Francisco Julião assumiu a defesa de um grupo de trabalhadores arrendatários do engenho Galileia, no município de Vitória de Santo Antão/PE. A luta em defesa desses trabalhadores iria transformar as condições de vida e trabalho do camponês num tema nacional. Por um lado, colocava na ordem do dia a necessidade do cumprimento da Constituição, que dava aos trabalhadores rurais o direito de sindicalização; por outro, trazia à tona as condições de exploração, tais como o cambão, o pulo da vara, a caderneta dos barracões,[4] que o discurso das Ligas tratava de desnaturalizar. Porém, o destaque que essa temática adquiria também estava relacionado à reação dos proprietários, que imediatamente associavam toda essa mobilização a um plano revolucionário, que teria como objetivo transformar o Brasil em um país comunista. No entanto, não se pode deixar de registrar como certos segmentos das esquerdas, que se associaram a essa mobilização dos trabalhadores, faziam um discurso de que o fim da exploração só viria efetivamente com o socialismo, e a via revolucionária não deveria ser descartada.

Outro foco possível de análise acerca dos movimentos sociais rurais nesse período relaciona-se ao controle ou à hegemonia na condução dessas lutas. O Partido Comunista, que desde a década de 1940 lançara as Ligas Camponesas, nunca conseguira, por meio desta forma de organização, dar visibilidade e força política à luta dos trabalhadores no campo. A fortuita associação entre Francisco Julião e os trabalhadores do Engenho Galileia, inicialmente para impedir a expulsão movida pelo proprietário, assim como assegurar a manutenção da sociedade de ajuda mútua fundada pelos mesmos, é que deu visibilidade à questão da sindicalização rural (Cavalcanti, 1976). Entretanto, mesmo filiado ao Partido Socialista, Francisco Julião teve o apoio dos comunistas até 1960, quando, no v Congresso do PCB, uma parcela dos membros do partido vinculada às Ligas foi derrotada em suas teses sobre a prioridade das lutas. A relação com o PCB agravou-se ainda mais durante o Congresso Nacional de Lavradores e Trabalhadores Agrícolas ocorrido em Belo Horizonte no final de 1961, organizado pelos comunistas e pela União dos Lavradores e Trabalhadores Agrícolas do Brasil (Ultab), no qual os representantes das Ligas, mesmo em minoria, saíram vitoriosos com a tese da reforma agrária radical – na lei ou na marra.

No entanto, além da disputa com os comunistas, as Ligas tinham na Igreja Católica provavelmente seu mais forte adversário, sobretudo porque muitos escritos produzidos por elas acusavam-na de aliada dos proprietários. E mais significativo é que, ao produzir seus textos, as Ligas não criticavam a religião como "ópio do povo", mas desenvolviam o que podemos denominar de sua própria exegese. Ou seja, construíam outra leitura bíblica para o mundo rural, invertendo a ordem sagrada e natural que os proprietários, padres e pastores difundiam a partir dos princípios cristãos, em que afirmavam que a condição de pobreza e miséria era natural e protegida por Deus.

Entre as publicações das Ligas, é possível destacar diversos folhetos, como *Guia do camponês*, *ABC*, *Recado* e, às vésperas das eleições presidenciais de 1960, a *Cartilha do camponês*. Em certo trecho dessa cartilha, escrita numa linguagem coloquial, Francisco Julião (1960: 7-8) afirma:

> Mas enquanto não chega o voto para o analfabeto e não se faz a reforma agrária, tu não hás de ficar de braços cruzados. Já não acontece o milagre como no tempo de Moisés, que tocava na rocha e a água nascia, ou no tempo de Jesus, que de um pão e de um peixe fazia muitos pães e muitos peixes. Cada um de nós tem, hoje, de ganhar com o suor do próprio rosto o pão de cada dia. Assim manda a Escritura que pouca gente segue. Se não há mais milagre porque Moisés se foi e, depois dele, o Cristo, tu podes, camponês, mesmo crucificado à terra como um escravo, alcançar tudo o que quiseres, sem depender de milagre. Podes conquistar a liberdade, ter o pão com fartura, viver bem agasalhado e na boa paz, se conseguires unir os teus irmãos sem terra. Nenhuma palavra tem mais força do que esta – União. Ela é a mãe da liberdade. Aprende a defender o teu direito junto com o teu irmão, sem terra. Nunca fiques sozinho. Vai sempre com ele à casa da Justiça já que é junto dele que tu te encontras na igreja, na festa, no enterro, na feira e no trabalho.

O que pode ser destacado nesse pequeno fragmento, além da perspectiva social – isto é, a luta pelo fim do analfabetismo, a reforma agrária e a união dos trabalhadores –, é a dimensão cristã que se mistura ao texto com citações bíblicas. Esse artifício não é fortuito, mas de quem conhece os meandros da escrita, e sabe como atrair aquele trabalhador do campo, na maioria das vezes analfabeto, para ouvir (ou talvez ler) temas considerados tabus como direito do voto para o analfabeto, reforma agrária e união do trabalhador contra o latifúndio. A esse percurso soma-se o tom professoral, de alguém que ensina, que defende ideias, que argumenta trazendo para junto de si, por meio de estratégias múltiplas da escritura, aquele a quem se dirige, o trabalhador rural. Possivelmente, os tempos de menino criado no meio rural até os 13 anos e depois, a partir dos 18, como dono de uma pequena escola para crianças pobres próxima ao seminário de Olinda e também como professor de Português, Matemática e Francês foram fundamentais para essa associação de pedagogia e política que os escritos de Francisco Julião revelam (Santiago, 2001). Todavia, não foram apenas os proprietários e os órgãos de segurança pública que reagiram ao trabalho de propaganda das Ligas.

Segundo Márcio Moreira Alves (1968), a Igreja Católica engajou-se num trabalho que denominou de "promoção do homem do campo", inicialmente no Nordeste e depois em todo o Brasil, como forma de opor-se ao trabalho das Ligas. Já o papa Pio XI afirmara que o grande escândalo do século XIX havia sido a perda de influência da Igreja sobre o operariado. Logo, devia-se impedir que forças não religiosas ou antirreligiosas dominassem o homem do campo.

A disputa pelo controle da organização dos trabalhadores rurais, no que tange à reforma agrária, teve também a participação do governo federal, por meio da Sudene, que iniciou um projeto piloto de exploração da monocultura da cana-de-açúcar em Pernambuco, conhecido como Cooperativa de Tiriri, com o arrendamento de cinco engenhos de propriedade de duas usinas, para serem explorados por 400 famílias de trabalhadores rurais (Dabat, 1996). Apresentava-se como mais uma experiência do governo João Goulart no campo da reforma agrária, que vinha se tornando um tema de acirrados debates no âmbito da imprensa, dos partidos, das universidades e da sociedade civil.

Pesquisando para sua dissertação de mestrado, Paulo Cândido da Silva entrevistou alguns trabalhadores que participaram ativamente das Ligas Camponesas e da Cooperativa Agrícola de Tiriri. Através dos relatos de dois dos seus entrevistados, percebe-se a influência das forças que disputavam a hegemonia na condução das lutas dos trabalhadores rurais naquele período. Um deles, José Natalício, afirma:

> Na colônia de Tiriri, nessa época existia uma área de terra no engenho Tiriri que pertencia à Rede Ferroviária do Nordeste, com 144 hectares de terra, todo desmatado, e um dia 33 camponeses resolvemos invadir a área. Já com as Ligas Camponesas entrando e nos dando apoio, só por volta de 1962 eu me encontrei com Doutor Jader de Andrade que na época era da Sudene. Nós éramos orientados por Francisco Julião, por Gregório Bezerra e outros que não estou lembrando mais. Veja, daí por diante nós formamos as Ligas lá na Colônia de Tiriri e decidimos invadir as terras da Rede Ferroviária do Nordeste. Tivemos a reação da polícia, mandaram a polícia para lá, mas naquela época o governador já era Arraes, Miguel Arraes, aí veio em seguida uma luta, a gente plantou, plantava, não dava, aí veio o Padre Melo, o Padre Melo nos orientou muito, nos ajudou bastante e... a gente continuou a luta. (Apud Silva, 2003: 67)

Quais leituras são possíveis desse curto fragmento do relato de Natalício? Inicialmente, há de se considerar que ele está rememorando experiências vivenciadas nas décadas de 1950-1960, misturadas a quarenta anos de acontecimentos vários, leituras múltiplas que a vida lhe foi oferecendo, e que possivelmente o fazem inferir outros significados daquele passado. Ora, devemos considerar que aquilo que se torna uma marca, um registro na memória resulta de operações complexas, seletivas. Desde o momento inicial da percepção de algo, desencadeia-se uma construção em que as memórias que trazemos – que são, de maneira indissociável, individuais e coletivas – atuam reelaborando e ressignificando aquilo que se apresenta aos sentidos. Em outros termos, não há percepção pura e não há também memória pura. Dessa maneira, o percurso que informa a apreensão, interiorização, subjetivação de uma percepção vem carregado das marcas da memória, porque esta "não consiste, em absoluto, numa regressão do presente ao passado, mas, pelo contrário, num progresso do passado ao presente. É no passado que nos colocamos de saída" (Bergson, 1990: 196).

Em razão do trabalho de elaboração, resultante da relação que se estabelece entre as memórias (passado) e a percepção de algo (presente), as marcas que se constituem como memórias devem ser compreendidas como registros híbridos. A partir da memória enquanto passado alcança-se ou apreende-se o presente; ao mesmo tempo, este presente atua relativizando ou deslocando significados acerca daquele passado. Dessa forma, jamais se deveria pensar a memória ou a percepção como reflexo ou cópia do mundo, mas como atividade, como trabalho ininterrupto de ressignificação do presente enquanto leitura a partir de um passado que se atualiza enquanto memória informando a percepção. Por outro lado, devem-se considerar os significados imprevistos que os sentidos apreendem do presente, os quais podem desafiar a leitura que se projeta a partir do passado como memória. Assim, a atividade de rememorar voluntária ou involuntária é uma elaboração que contempla mediações e transformações. Passado e presente, memória e percepção instituem uma relação tensa em que se abrem ou não possibilidades de novas redes de significação. A representação do passado e do presente, como territórios de fronteira configurados no tempo, torna-se ainda mais tênue quando compreendemos que o fio ou a ligação entre ambos se constitui no universo da ação. Ou seja, todo esse movimento constante e ininterrupto da memória, percepção, apreensão, interiorização, subjetivação é indissociável do agir, de uma forma de ser no mundo em que passado e presente desaparecem enquanto signos de realidades acabadas e distintas (Bergson, 1990). Sobretudo, se também considerarmos que, assim como na física quântica, o que temos são interconexões, e não coisas ou objetos definidos no tempo.

Cabe ainda observar que o relato de Natalício não resulta de uma conversa entre parceiros de lutas, mas atende a um pesquisador, a um intelectual; alguém de outra classe, que solicita a um trabalhador informações sobre um determinado período, em que a sua história de vida esteve associada a acontecimentos sociais e políticos de grande repercussão no estado e no país. Por outro lado, a pesquisa que utiliza entrevistas orais, em princípio, está fundada num encontro entre duas pessoas; e a forma do contato e a relação que então se estabelece, apesar de assumirem papéis diversos (entrevistador e entrevistado), também têm influência no relato a ser narrado. Ao mesmo tempo, há que se compreender o lugar social do pesquisador, seus interesses, os aspectos técnicos e metodológicos da pesquisa e a operação da escrita. Institui-se uma relação em que os relatos orais, assim como também na pesquisa com documentos escritos, iconográficos, literários, se incorporam a um projeto e são deslocados para atender à lógica e à inteligibilidade do texto a ser produzido pelo pesquisador. E essa tem sido também a compreensão de muitos que operam com a teoria quântica, como registra Lee Smolin (2002: 60):

> Portanto, parece que há duas espécies de coisas no mundo. Existem objetos como as rochas e os abridores de latas, que simplesmente existem e podem ser completamente explicados por uma lista de suas propriedades. E existem coisas que somente podem ser compreendidas como processos, somente podem ser explicadas contando uma história. Para as coisas do segundo tipo, uma simples descrição nunca é suficiente. Uma história é a única descrição adequada para elas, porque entidades como as pessoas e as culturas não são de fato coisas, mas sim processos que se desenvolvem no tempo.

Pensando a partir desses pressupostos, observo que ao construir seu relato Natalício também conta uma história, desloca sentidos, redefine significados. Não está descrevendo coisas, objetos, enumerando propriedades. Embora reconheça a influência das Ligas, recupera a participação de Gregório Bezerra (atuante membro do PCB), de Jader de Andrade – apresentado como representante do órgão federal, a Sudene – e da Igreja, por meio do padre Melo. Ou seja, o relato, de alguma forma, mapeia as forças que atuavam em Tiriri (Ligas, PCB, Sudene e Igreja), sem revelar disputas, diferenças ou hierarquias. Essa maneira de Natalício construir sua história, nomeando diferentes lideranças políticas, em que todos aparecem ajudando na luta dos trabalhadores, pode ser vista como a leitura de alguém que jamais percebeu diferenças nos discursos e nas práticas dos representantes dos distintos grupos políticos. Mas pode ser também uma maneira de evitar mostrar-se mais comprometido com algumas daquelas pessoas e por extensão com algum daqueles grupos, pois não sabe como seu relato será lido, será narrado pelo pesquisador. Caso tenha prevalecido essa compreensão, revelará uma consciência de quem sabe que sua história será apropriada e adquirirá outros sentidos sobre os quais não terá controle. Atendendo a essa lógica, pode-se ler esse relato, que junta e iguala forças políticas antagônicas, como um recurso tático, de quem conhece os perigos do viver a contrapelo. E mais uma vez retorno a Lee Smolin para pensar que um documento (oral, escrito, iconográfico, literário) não é uma coisa, um objeto, mas também tem uma história, encontra-se ligado a redes, fios, labirintos, e que é fundamental ao historiador segui-lo, acompanhá-lo, pontuá-lo.

Outro trabalhador entrevistado que também participou da Cooperativa de Tiriri foi Minervino. Em seu relato conta como ele próprio fazia o trabalho de mobilização das Ligas naqueles engenhos de açúcar, visitando as casas dos trabalhadores e convidando-os para ouvir o advogado Francisco Julião. Relembra muitos dizerem que Julião era "comunista e outras coisas ruins" e que muitos senhores de engenho chegavam a demitir o trabalhador que se filiasse às Ligas Camponesas. Afirma que Julião pregava a revolução, e não esquece a seguinte expressão que segundo ele era dita pelo líder: "sem terra, camponês sem pão, tambor da revolução". Perguntado sobre o que Julião queria em Tiriri, Minervino responde:

> O que ele queria fazer em Tiriri, não era somente em Tiriri, mas em vários lugares. Era implantar as Ligas Camponesas para fazer uma reforma agrária de grande tamanho ou de grande proporção, era essa a intenção que Julião tinha com o povo dessa região aqui de Tiriri. E a gente ia porque era muita fome que a gente sofria e o desejo nosso não era de fazer como camponês hoje que faz, era trabalhar. O nosso desejo era trabalhar, construir um pedaço de terra era o que a gente queria, de qualquer forma a gente queria um pedaço de terra e continuar na terra, como hoje eu ainda tenho todo meu desejo. Estou assim, não presto mais para fazer nada, mas a minha intenção é terra, minha intenção toda é na terra, não é para viajar, fazer aquilo,

tomar nada dos outros não. Mas a minha intenção é possuir a terra, ter um lugar, ser acomodado, não prejudicar meus vizinhos e indicar que Deus deixou a terra para todo mundo. Então se Deus deixou a terra para todo mundo, o pobre também tem direito a um pedacinho de terra para sobrevivência dele, dele com a família. Era essa a nossa história. (Apud Silva, 2003: 68)

Percorrer a trilha do relato construído por Minervino é visitar um labirinto de muitas voltas, de muitas dobras, que ao se desfazerem aproximam passado e presente, distanciam passado e presente, numa tensão de quem conhece o poder das palavras, de quem sabe o quanto elas significam: um perigoso campo minado. Ele inicia desfraldando a bandeira das Ligas, de Julião, da reforma agrária. Entretanto, como informa ao pesquisador, dizia-se muita coisa ruim de Julião; logo, revela o cuidado de, após desfraldar a bandeira das Ligas Camponesas, afastar-se dela, ao afirmar que "ia porque era muita fome". Assim, estava com as Ligas e não estava, pois seu desejo não era revolução. Pelo menos é isso o que fala ao entrevistador. Entretanto, faz ainda outra ressalva, toma outro atalho, outro desvio, ao dizer que também não se reconhece na luta dos trabalhadores sem terra na atualidade. Para Minervino, esses trabalhadores não querem a terra para trabalhar, como ele afirma sempre ter querido. E dá a entender que os trabalhadores que lutam por terra hoje querem viver viajando, enquanto ele não quer viver viajando, e também não quer tomar as terras dos outros, nem incomodar os vizinhos. Após tantas voltas, poder-se-ia indagar: como acredita ser possível ter a terra desejada *sem incomodar o vizinho, sem tomar nada dos outros e reconhecendo que não presta para fazer nada*? E Minervino realiza uma pirueta, cria sua linha de fuga em Deus, que, ainda segundo ele, "deixou a terra para todo mundo". Por meio desse Deus, quem sabe, talvez os vizinhos entendam que a terra, por ter sido dada por *ele*, é de todos; e talvez assim ele, Minervino, também receba o seu pedaço de terra. E retorna então ao ponto de partida, um imaginário passado, ao decretar que "era essa a nossa história".

Onde teria Minervino aprendido sobre esse Deus que afirma ser a terra de todos? Esse não é um argumento que se extraia facilmente por meio de uma leitura solitária dos evangelhos ou de outras passagens bíblicas. Por outro lado, mesmo hoje, depois da Teologia da Libertação, ainda são poucos os padres e pastores que debatem ou se envolvem com as questões sociais. Talvez, se indagado onde aprendera sobre esse Deus que deixou a terra para todos, ele não fosse capaz de se lembrar. Entretanto, como trabalhador que militou pelas Ligas Camponesas, é possível que não lhe fosse desconhecida *Cartilha do camponês*, onde se encontra uma passagem em que se lê:

> Escuta bem o que te digo, camponês. Se um padre ou pastor te fala em nome de um Deus que ameaça o povo com peste, guerra e fome, raios, coriscos e trovões e ainda com o fogo do inferno, fica sabendo que esse padre ou esse pastor é um espoleta do latifúndio. Não é um ministro de Deus. Esse padre é falso. Esse pastor não presta. O padre verdadeiro ou o bom pastor é aquele que se levanta para dizer: "Deus fez a terra para todos, mas os sabidos tomaram conta dela." (Julião, 1960: 15)

Teria Minervino escutado ou lido essa cartilha? Será que foi a partir dela que começou a estabelecer outras associações, a ponto de afirmar que "Deus deixou a terra para todo mundo" e, portanto, "o pobre tem direito a um pedacinho de terra"? Não sabemos, não saberemos. A incerteza sobre como ou onde Minervino aprendeu tão revolucionário ensinamento continuará a permear qualquer tentativa de explicação conclusiva.

E assim voltamos ao começo desse percurso, ao movimento, à impossibilidade de capturar de forma absoluta os significados; ou mesmo determiná-los mediante uma relação que se deseja natural entre o dito e o vivido ou o que se imagina real. Rachar as palavras, romper seus liames naturalizados e evidentes com as coisas, com o que se denomina real. A história como o digladiar de sentidos, produzidos pelos jogos da linguagem, nos remete a Certeau (2000: 52) quando afirma:

> Parece que não se podendo mais atribuir às palavras uma relação efetiva com as coisas que designam, elas se tornam tanto mais aptas para formular sentidos, quanto menos limitadas são por uma adesão real.

Nesse território, torna-se fecundo privilegiar a postura teórica de Wittgenstein, de considerar em suas reflexões filosóficas o discurso comum das pessoas, e não o dos filósofos. E é através dele que inicio o último movimento de análise, ao revisitar um trecho da entrevista do líder comunitário Arnaldo Rodrigues da Cruz.

Na década de 1970, em pleno regime militar no Brasil, teve início uma mobilização em defesa da moradia num grande bairro popular do Recife, denominado Casa Amarela. Desde a década anterior, os agentes imobiliários vinham tentando expulsar os moradores por meio da cobrança do foro da terra. Essa tentativa recrudesceu, já que a imobiliária, em princípio, contava com o apoio oficial para reprimir qualquer manifestação de protesto contra essa taxação considerada indevida e irregular pela população. A censura reinante no período, aliada ao medo que muitos cidadãos passaram a sentir de vir a ser nomeados comunistas[5] por participar de qualquer movimento social, eram fatores que concorriam bastante para a desmobilização popular. No entanto, mesmo diante desse conjunto de adversidades, um grupo de moradores iniciou uma organização denominada Terra de Ninguém e, com o apoio da Igreja Católica e de outros setores, conseguiu, após anos de luta, a desapropriação das terras e o título de propriedade para as pessoas que nelas residiam.

Esse preâmbulo tem como pressuposto apresentar o relato de um dos moradores que participou ativamente de todo o trabalho de organização e mobilização contra a imobiliária e seu dono, Rosa Borges. Ao relembrar o que se denominou luta das Terras de Ninguém, Arnaldo afirma:

> Eles [a imobiliária] nunca foram donos de nada e hoje ele se diz dono de tudo e todo mundo acredita que ele é dono. Mas que eles nunca foram donos de nada, mas de nada mesmo, isso é preciso vocês [os moradores] botarem na cabeça de vocês, tirar da cabeça de vocês, porque tirando da cabeça de vocês, vocês levam para outros conscientes, mas enquanto estiver na cabeça de vocês, vocês não levam não. Vocês vão dizer: não, mas... Fica gaguejando. (Apud Casa..., 1988: 87)

Esse pequeno fragmento do relato já revela uma perplexidade, entre a palavra – dono – e a coisa – as terras de Casa Amarela. Como seria possível construir uma ligação entre a palavra dono e a coisa, terras de Casa Amarela, se esta para Arnaldo não existe? A resposta, segundo ele, estaria no fato de as pessoas acreditarem. E lembra que, enquanto os moradores não retirarem de suas próprias cabeças a proposição *ele é dono*, a luta estará enfraquecida, porque eles não terão firmeza, ficarão gaguejando. Ou seja, para Arnaldo não existe a divisão cartesiana entre matéria e espírito, corpo e alma. A prática das lutas sociais lhe ensinou que o pensamento e a ação são indissociáveis, estão misturados. A ação e o pensamento constituem um mesmo conjunto. E em seguida, amplia sua reflexão ao indagar:

> E como ele se diz proprietário? Aí é que é danado. Aí é que está a história. É o furto, a roubalheira, a ladroíce, que existe dentro da política, junto com juiz, advogado, não sei quantos diabos, que fizeram isso. Fizeram Rosa Borges ser dono daquilo que não era dele. (Apud Casa..., 1988: 88)

Para responder a sua própria pergunta, Arnaldo retorna à história e detalha os procedimentos, os fios, os caminhos trilhados, pois proprietário não é uma palavra que se associa a uma coisa, a um objeto de maneira natural. Mas o proprietário que se diz Rosa Borges resultou de operações complexas. Ao detalhar esses movimentos que associam, estabelecem elos, colam significados, Arnaldo está quebrando, rachando, desnaturalizando aquela palavra, aquela história. E acrescenta:

> A história ele conta assim. Bom, ele fez tudo isso. E a lei, à própria lei. É danado, é isso. É eu dar uma tapa em você, sem você abusar comigo, mas eu tenho dinheiro e chego lá na delegacia prendo você, você fica preso e eu venho embora. Foi isso o que Rosa Borges fez. Veio para Casa Amarela tomar conta de tudo, dominou tudo, hoje em dia se diz dono de Casa Amarela, propriedade imensa e ele diz que é dele. Mas Santos Marinho foi que deu a mão a ele, foi que botou ele aqui e ele ficou aqui dentro, depois ele passou a ser administrador, ele é que diz. Passou a ser administrador na história. E, através da administração, como não tinha dono, ele passou a ser dono. Ele que diz. (Apud Casa..., 1988: 88)

Ler o relato de Arnaldo é aprender com ele, um ex-operário têxtil, que ao descrever a experiência de luta em defesa da sua moradia oferece um breve tratado acerca do combate que se trava na história. Como a história é o que se diz, resulta de muitos procedimentos de força que delimitam, cercam, cortam, estabelecem elos, subvertem significados, rompem acordos. E consciente do perigo da história, Arnaldo torna-se professor, e didaticamente explica como os signos são trocados, os significados mudados de lugar pela força do dinheiro. E como quem se sabe um educador, oferece um breve exemplo: "É eu dar uma tapa em você, sem você abusar comigo, mas eu tenho dinheiro e chego lá na delegacia prendo você, você fica preso e eu venho embora." Para Arnaldo a história da propriedade da terra em Casa Amarela é plural, resultando num combate entre um dizer de Rosa Borges e outro do movimento dos moradores. E a vitória destes últimos depende entre outros elementos da capacidade de mudar o pensar/agir. A história como desafio e movimento constantes de quem sabe o quanto rachar as palavras exige sabedoria, táticas, trampolinagens de um viver a contrapelo.

Notas

[1] Estas são áreas de ocupação recente (décadas de 1970, 1980, 1990), em que predominam grandes propriedades voltadas para o agronegócio.
[2] Cidade imaginária criada por Gabriel García Márquez em *Cem anos de solidão*.
[3] Referência ao título de uma obra de Luigi Pirandello: *Um, nenhum e cem mil*.
[4] O *cambão* significava os dias de trabalho gratuito que o camponês deveria dar ao senhor a cada ano. O *pulo da vara* era uma expressão usada para denunciar a forma como era medida pelos encarregados dos senhores a área cultivada. Além de a vara ser maior do que deveria, ao colocá-la no chão para efetuar a medição, o encarregado sempre dava um passo à frente, para medir um novo trecho, o que também acarretava perda para o trabalhador, que recebia em pagamento uma área menor do que a efetivamente plantada. E as famosas *cadernetas* anotavam as despesas dos trabalhadores nos barracões onde eram obrigados a fazer suas compras. Estes, por serem analfabetos em sua grande maioria, além de pagar sempre um preço maior do que nas cidades próximas, não tinham condições de questionar as anotações registradas.
[5] Nesse período, qualquer pessoa nomeada de comunista podia ser interrogada pela polícia ou mesmo presa.

Narradores itinerantes

O percurso deste capítulo será construído a partir do estudo de Walter Benjamin "O narrador: considerações sobre a obra de Nikolai Leskov". Visitarei narradores que, em tempos múltiplos e sobre temas diversos, exerceram a sua maneira a arte de narrar, ou seja, "a faculdade de intercambiar experiências" (Benjamin, 1985: 198).

Para Walter Benjamin (1985), haveria dois modelos básicos ou, por que não dizer, arcaicos do narrador: "o camponês sedentário e o marinheiro comerciante". Esses dois modelos estariam encarnados no próprio Leskov, exemplo maior do narrador. No entanto, segundo ele, a arte de narrar, que de alguma maneira mostra-se como "uma forma artesanal de comunicação", encontrar-se-ia em extinção. E o sinal maior desse processo seria a "difusão do romance, que só se torna possível com a invenção da imprensa". O sinal fundamental dessa perda do caráter narrador, que se revelaria tanto no romance como na própria imprensa, estaria em que estes nem "procedem da tradição oral nem a alimentam". Nesse sentido, ainda, a própria imprensa, voltada predominantemente para a transmissão de informações, seria em si incapaz de alargar essa forma de comunicação de saberes, uma das dimensões fundadoras do narrador.

Na época atual, poderíamos pensar que essa prática está ainda mais limitada, sobretudo em razão do domínio que a televisão alcançou, aprisionando a atenção das pessoas, das famílias, dos grupos, horas e horas todos os dias, cerceando a conversa, o ouvir histórias, o contar *causos*. Entretanto, é possível visitar outras veredas que revelam como, apesar da força das influências mais gerais, há sempre diferentes trilhas sendo construídas. Assim, podemos descobrir práticas que vão sendo recriadas, reinventadas, nos interstícios de um tempo em que o sonho e a utopia, enquanto projeção de diferentes futuros, parecem ter perdido sua força.

Caminhando na senda do intercambiar experiências, uma das características do narrador escolhida para iniciar esta reflexão, elegi como contraponto um pequeno trecho de entrevista com o engenheiro Antonio Bezerra Baltar. No final de sua entrevista de história de vida, ele rememora um fortuito encontro que teve com um companheiro de prisão muitos anos depois do episódio. Na época em que estivera preso, em 1964, acusado de comunista, ele e esse companheiro compartilharam a mesma cela.

O engenheiro Antonio Baltar, professor universitário, exilado em 1965, posteriormente convidado para trabalhar na Comissão Econômica para a América Latina e o Caribe (Cepal), conclui sua história de vida com um relato ouvido no meio da rua, de um sapateiro remendão. Esse fato, por si, projeta um cenário de muitos significados. Destaco inicialmente que o final de uma entrevista tem sido, para muitos entrevistados, o lugar em que muitas vezes procuram fundar um significado síntese para o relato que estão a concluir. Entretanto, não buscou Baltar nos livros que escreveu, nos doutores que encontrou, nos muitos países em que residiu, a imagem, a conversa ou o provérbio que pudesse ensejar uma conclusão síntese de sua história. Nenhum deles lhe ensinou mais que o artesão sapateiro.

Mas há outra dimensão importantíssima fundada nesse encontro entre o engenheiro e o sapateiro, a qual remete àquilo que Benjamin denomina relação ingênua entre o narrador e o ouvinte, em que este é dominado pelo interesse em conservar o que foi narrado. O engenheiro se mostrou um ouvinte exemplar, pois foi essa sua capacidade que mais tarde o tornaria um narrador especial.

Como característica muito própria dos narradores, ao relatar a memória que a experiência da prisão deixou no sapateiro, Baltar não se furta de oferecer uma descrição das circunstâncias em que ouviu essa história. Ou seja, num fortuito encontro no meio da rua. O registro da descrição do lugar nos remete a algo extremamente comum. Entretanto, o aspecto incomum que se destaca é aquela experiência, construída numa situação de extremo perigo, ser transmitida em um local completamente desprovido dos elementos para recepção de algo tão precioso.

Enquanto afirma Benjamin (1985: 201) que "a arte de narrar está definhando porque a sabedoria – o lado épico da verdade – está em extinção", o relato em pauta projeta na direção contrária a essa avaliação, ou seja, aponta a insistência daquela em perpetuar-se.

Conta Baltar que, no casual encontro com o companheiro de prisão, este lhe descreveu o que ocorrera durante um interrogatório feito por um coronel:

> O coronel perguntou a ele: "Seu fulano, o senhor gosta muito de cinema"? Ele disse: "Doutor coronel, sou um sapateiro remendão, tenho seis filhos, o dinheiro só dá para comprar a comida dos meninos. Não vou a cinema, não." O coronel afirmou: "Mas o senhor é do Partido Comunista." Ele disse: "Olhe, já ouvi falar nesse negócio de comunista, mas não sei direito o que é." Aí o coronel tirou da gaveta uma fotografia do cinema Elite, de Campo Grande, uma homenagem a Luís Carlos Prestes. Fotografia da fachada. Carlos Prestes no meio, à esquerda, o quarto sujeito era ele. Não havia dúvida nenhuma. Aí ele apontou para a fotografia e disse: "Coronel, virge Maria, que homem parecido comigo!". (Apud Montenegro et al., 1995: 62-3)

Nesse momento, a dimensão épica da vida revela-se com uma força estonteante. O homem iletrado enfrenta o coronel, evocando a dimensão transcendente que se encontra na base de qualquer registro. A foto que lhe é apresentada, incriminando-o, não é ele, parece-se com ele. Sem dúvida, qualquer foto será sempre registro de algo, e não o próprio ser ou objeto. Dessa forma, o sapateiro artesão, além dos compromissos políticos, pelos quais é incriminado, assume o lugar do intelectual tão detalhadamente analisado por Hobsbawm e Scott em "Sapateiros politizados" (1987). Um exercício de questionamento da razão de ser de qualquer registro ou representação, como fez René Magritte ao pintar um cachimbo e escrever abaixo: "Isto não é um cachimbo."[1] O sapateiro inscreve na sua foto: "Este não sou eu." Afinal, qualquer registro não é o próprio ser, a própria coisa e, nesse sentido, o argumento do sapateiro remendão diante da foto, como Magritte ao pintar o cachimbo, tem como raiz a semelhança, o parecer-se, mas manterá sempre uma distância ôntica. E, outra vez, a face do narrador revela-se, pois aquele acontecimento fugaz será transformado em narrativa. O sapateiro remendão, da mesma forma que trabalha artesanalmente o couro, é também um artesão da vida, transformando a sua e a de outros num produto sólido, útil e único. Como artífice da palavra, e com a habilidade de quem vive a contrapelo, recorre à ironia; a partir desse tropo linguístico, de quem se sabe em constante perigo, nega qualquer conhecimento acerca desse "negócio de comunismo", mesmo admitindo ter ouvido falar no assunto. Diante dessa resposta e de posse da foto comprometedora, espera o coronel deixar sem ação, desmascarado, humilhado, aquele simples artesão. Porém, a sabedoria de quem se sabe no fio da navalha terá na ironia novamente o caminho para suplantar a adversidade. Revisitará a simbologia sagrada na expressão do "Virge Maria, que homem parecido comigo!", como se a imagem da santa pudesse defendê-lo do perigo comunista. E nesse instante, o coronel, não tendo argumentos para enfrentar o Hércules da palavra, apelará para a força, todavia, mesmo nesse momento, não obterá êxito: "O coronel quis me dar uma porrada, mas eu me afastei a tempo."

O SOL ESFRIOU

Outro relato de artesão que destaco para analisar foi extraído do documentário *Cabra marcado para morrer*, dirigido por Eduardo Coutinho.

Entre as diversas pessoas que o diretor entrevista, na tentativa de reconstruir a memória de João Pedro, líder das Ligas Camponesas de Sapé, na Paraíba, assassinado em 1962, encontra-se um companheiro de trabalho numa pedreira, chamado Manoel Serafim. Em 1961, João Pedro mudara-se da Paraíba para Pernambuco, e fora trabalhar numa pedreira na cidade de Escada. O curto período em que estiveram juntos na pedreira nunca mais foi esquecido pelo amigo de trabalho. No entanto, se numa passagem do filme Manoel Serafim faz uma descrição física detalhada do amigo assassinado, surpreendente será a narrativa de memória que reconstrói do dia em que tomou conhecimento de que o amigo fora morto.

Como um artista da pedra que é, Manoel Serafim transforma a informação em narrativa. O artesão narrador, na maestria do seu fazer, desenha em palavras, inicialmente, como foi informado da história do assassinato do amigo João Pedro: "Por volta de oito horas, mais ou menos, estavam vendendo a *Folha do Povo* com toda a notícia, com toda a reportagem dele, o pessoal tudo comprando...". Reconstrói através da memória, "a mais épica de todas as faculdades" (Benjamin, 1985: 210), a hora aproximada em que a notícia começou a ser divulgada. Como todo acontecimento marcante, esse momento adquire um sinal do tempo – por volta de oito horas.

O conteúdo da notícia é sintetizado em poucas palavras: "Rapaz, mataram o presidente da Liga Camponesa da Paraíba". O recriar da memória do amigo assassinado projeta-o numa dimensão maior do que a que realmente estava registrada no periódico. João Pedro era líder da Liga Camponesa de Sapé – estampava o jornal em letras garrafais –, cidade do interior da Paraíba. Entretanto, há de se considerar que a repercussão política do seu assassinato tornava-o a pessoa mais importante da Liga Camponesa da Paraíba. A releitura do acontecimento por Manoel Serafim traz embutida a amplitude que a notícia adquiriu na época e como foi interiorizada por ele. Afinal, o assassinato de João Pedro foi publicado na imprensa, em diversos estados, percebe o amigo, ao afirmar: "E aquele nome surgia assim numa notícia, como se fosse uma grande pessoa." O assassinato, a notícia, o nome no jornal, a foto, tudo tornava o ex-artesão da pedra e líder da Liga Camponesa de Sapé uma "pessoa importante".

Mas, se a narrativa de Manoel Serafim extrapola os limites da informação positiva, documental, essa é mais uma razão para reconhecer nele as virtudes do narrador, como observa Benjamin (1985: 205):

> A narrativa, que durante tanto tempo floresceu num meio de artesão – no campo, no mar e na cidade –, é ela própria, num certo sentido, uma forma artesanal de comunicação. Ela não está interessada em transmitir o "puro em si" da coisa narrada como uma informação ou um relatório. Ela mergulha a coisa na vida do narrador para em seguida retirá-la dele. Assim se imprime na narrativa a marca do narrador, como a mão do oleiro na argila do vaso.

O narrador em foco mostra-se, dessa forma, um artesão extremamente arguto, cuidadoso, minucioso no seu trabalho de transformar a pedra/informação, redescrevendo o cenário da notícia daquele acontecimento trágico. Entretanto, uma força maior de sua arte revela-se no momento em que passa a reconstruir o sentimento vivido, em razão da dor provocada pela perda do amigo:

> Eh, a gente sentimos uma tristeza assim. Houve isso, parece que o sol esfriou assim, não quis sair do lugar, e foi aquela serenidade fria, assim, aquela tristeza arrancando assim, aquela vida, com aquela saudade. Porque existe saudade sem alegria, aquela saudade com tristeza. E todo mundo sentiu...

A forma como Manoel Serafim transforma a memória da sua tristeza numa metáfora que esfria e paralisa o próprio sol nos remete a Paul Valéry:

> A observação do artista pode atingir uma profundidade quase mística. Os objetos iluminados perdem os seus nomes: sombras e claridades formam sistemas e problemas particulares que não dependem de nenhuma ciência, que não aludem a nenhuma prática, mas que recebem toda a sua existência e todo o seu valor de certas afini-

dades singulares entre a alma, o olho e a mão de uma pessoa nascida para surpreender tais afinidades em si mesmo, e para as produzir. (Valéry apud Benjamin, 1985: 220)

Em seu texto, Benjamin refere-se à tríade alma, olho e mão operando num mesmo processo, próprio dos artesãos, mas que estaria, mais uma vez, irremediavelmente perdido. Ora, todos aqueles que assistiram ao filme perceberam como Manoel Serafim fala com as mãos; como a mão e o seu falar instituem a própria expressão do seu ser.

O espírito da palavra

Por intermédio do projeto *Guerreiros do Além-Mar*[2] realizei entrevistas de história de vida com diversos padres holandeses, franceses, italianos, belgas que emigraram para o Brasil nas décadas de 1950 e 1960. Selecionei algumas passagens entre os relatos deles com a perspectiva de analisar a forma como narram suas memórias orais de vida.

O padre Jaime de Boer, de origem holandesa, ao chegar ao Brasil no final da década de 1960, foi enviado para Xiquexique. Podemos imaginar o enorme choque cultural que foi, para ele, sair da Europa para viver numa pequena cidade no sertão da Bahia. Em 1998, ao entrevistá-lo, trinta anos após a experiência de Xiquexique, ele resume com as seguintes palavras aquele período de vida: "O tempo que morei no interior em Xiquexique foi o período mais rico da minha vida. Nunca queria repetir, nunca queria repetir. Mas depois sempre reconheci que foi uma experiência de vida incrível."[3] Embora tenha vivido em Xiquexique o período mais rico da sua vida, uma experiência que considera incrível, não gostaria de repeti-la. Poderíamos, talvez, buscar em algumas passagens da sua história de vida nessa cidade do sertão da Bahia as razões que o fazem reconhecer a importância desse período e, ao mesmo tempo, não querer voltar a repetir a experiência.

À medida que reconstrói essas memórias, relembra momentos, fatos que revelam a intensidade com que foram vividos. Ao mesmo tempo, é notável a maneira como as transforma em linguagem oral. Observa-se no relato de Jaime, como no de outros padres, a forte presença de um descrever explicativo, cuja característica dominante é o inusitado, o surpreendente, o incomum da experiência vivenciada. O tropo linguístico que predomina é a metonímia, diferentemente da narrativa popular, em que um tom épico está constantemente presente, realçado pelo uso de metáforas e ironias.

Por outro lado, algumas vezes observa-se que esses padres, visitadores de antigas marcas, criam em seus relatos uma série de quadros representativos do passado como memória, estabelecendo uma proximidade com o que Benjamin denomina cronistas. Entretanto, embora se diferenciem dos narradores populares, os padres – como outras categorias de intelectuais estudados – revelam um exercício de reconstrução descritiva do passado recomposto. Nesse aspecto, seus relatos de memórias orais apontam ainda para o exercício de reviver experiências, acontecimentos, fatos, possibilitando ao ouvinte transportar-se para o cenário, o contexto reinventado. No entanto, essa forma de reconstrução da memória oral não significa que num mesmo relato não venham a aparecer passagens em que predominem apenas juízos de valor ou avaliações generalizantes. Uma prática em que o ouvinte é, de certo modo, impedido de conhecer maiores detalhes do tema ou assunto abordado.

Nesses relatos, a tônica dominante da forma de contar é um exercício de avaliação constante do passado revisitado, em que ao ouvinte é dada apenas a possibilidade de antever uma teia de redes valorativas. Percebe-se uma constante distância em que é colocado o ouvinte com relação a detalhes ou outros aspectos do que está sendo descrito.

Na história de vida de padre Jaime, entre as muitas experiências narradas, destaco, para analisar, uma desobriga[4] que realizou no sertão da Bahia, em conjunto com um padre italiano.

Os padres missionários, quando chegavam às vilas, lugarejos distantes, para os trabalhos da desobriga, eram hospedados nas casas dos moradores, num quarto reservado especialmente para eles. Em geral, a hospedagem ocorria na melhor casa do local. Descreve então Jaime que, ao chegar a uma pequena comunidade no sertão, véspera da festa de São

Francisco, hospedou-se numa casa em que teve de passar a noite inteira de pé. Havia tantos piolhos que ele e o padre que o acompanhava não conseguiram deitar-se. Ao mesmo tempo, não poderiam mudar-se, pois seria desmoralizar o dono da casa. A uma determinada hora, apareceram ratos descendo do telhado. Passaram então, com a luz de uma pilha, a espantá-los, fazendo com que voltassem para o telhado. Entretanto, o padre italiano que o acompanhava não suportou a situação e decidiu ir dormir no jipe que estava estacionado em frente à casa. Jaime, nesse momento, exigiu dele que retornasse ao quarto antes do amanhecer, de forma que as pessoas da casa não vissem que dormira fora. Sobre essa situação, observa Jaime: "Não sei, não entendo como o povo conseguia viver com tanto piolho, mas também não podia perguntar. Pela manhã, ao cumprimentar os donos da casa, dizíamos que tínhamos dormido muito bem."

Esse relato projeta a vivência da pobreza a que estes padres eram submetidos em seu trabalho missionário, que aponta uma prática cultural de respeito às diferenças. Mostra a provação por que passavam muitos daqueles que realizavam trabalhos de desobriga. Mesmo sendo filho de pescador na Holanda e tendo passado muitas situações difíceis na época da Segunda Guerra Mundial, como relata em sua história de vida, Jaime guardou como marca indelével em sua memória de Xiquexique essa noite em que esteve cercado por piolhos e ratos.

As desobrigas pelo interior do Brasil constituíam-se em verdadeiras cruzadas e tinham um papel civilizador. Os padres criavam com essas populações vínculos espirituais, estabelecendo relações de compromisso entre a Igreja e as comunidades, relações que muitas vezes estas não tinham com o Estado.

Outra memória refere-se às pessoas que viviam caminhando pelo sertão e, por essa razão, eram chamadas de "no meio do caminho". Segundo Jaime, esse "era o nome que se dava a quem não tinha onde morar e vivia andando". Muitas pessoas como essas eram recebidas na casa dos padres, como também nas de outros moradores da cidade. Davam-lhes comida, descanso e, depois, elas seguiam viagem. Recorda, então, que um dia chegou uma senhora, a qual, depois de tomar banho, alimentar-se e dormir, foi permanecendo em sua casa. Confessou-lhe, inclusive, que carregava um cordão de São Francisco com dinheiro dentro, para não precisar ficar à custa de ninguém quando morresse. Depois de uns dias, declarou que tinha decidido morar naquela casa. Ao ouvir aquilo, Jaime e seu colega ficaram sem saber como reagir. Depois de pensar, disseram à senhora: "Olhe, nós gostaríamos muito que a senhora continuasse morando aqui conosco, poderíamos aprender muito, mas acontece que, ainda na semana passada, recebemos uma carta do Papa proibindo mulher de morar em casa de padre." Ela saiu sem problema, relata ele, "continuou andando de novo, e vimos que o Papa ainda servia para alguma coisa".

Esse fragmento de memória revela um sinal de uma prática comum entre setores pobres da sociedade. As pessoas "no meio do caminho", ao morrer, não deixam marcas, apenas sinais nas memórias dos seus contemporâneos. Dessa forma, com o tempo e as mudanças nas práticas sociais, vão sendo completamente esquecidas.

Outra dimensão que esse relato sugere é quanto à rede de solidariedade que se formava em relação a esses amplos segmentos de despossuídos, pessoas que viviam aparentemente fora das redes de famílias e de outros grupos sociais. Observa-se como havia toda uma prática social instituída, no entanto, com limites bastante definidos. A senhora que declinava intenções de transformar a passagem pela casa dos padres em permanência estava rompendo com um pacto, pois mesmo essa casa situava-se como mais um lugar nesse conjunto amplo de práticas sociais.

Um último aspecto a destacar na história dessa senhora é a preocupação que demonstrava com a morte ou, mais propriamente, com a forma como seria sepultada. Embora caminhasse só pelas estradas, não desejava uma morte de indigente. Essa possível contradição de alguém que vivia como indigente, mas desejava morrer como pessoa surpreendeu Jaime e concorreu para que este acontecimento, entre os inúmeros vividos em Xiquexique, se tornasse uma memória recorrente desse período.

Registra Benjamin (1985: 212), citando Pascal, que "ninguém morre tão pobre que não deixe alguma coisa atrás de si. Em todo caso, ele deixa reminiscência, embora nem sempre elas encontrem um herdeiro". No caso dessa senhora, porém, houve um herdeiro que possibilitou conhecermos um minúsculo fragmento da sua existência e do seu sonho de morrer como pessoa. No cinto de São Francisco guardava o que lhe garantiria, no momento final da vida, alcançar uma condição pela qual precisou lutar toda uma existência.

Outro relato de memória oral que destaco do projeto *Guerreiros do Além-Mar* é o de dom Xavier Gilles de Maupeou, que chegou a São Luís no início de 1963 e, muito cedo, aceitou o desafio de trabalhar numa paróquia do interior. Em 1971, quando trabalhava juntamente com o padre José Antonio na paróquia de Urbano Santos e São Benedito do Rio Preto, distante 250 km de São Luís, ambos foram presos e acusados de comunistas.

Após um mês de prisão, teve de enfrentar o processo na Justiça Militar. A polícia federal arrolou uma série de testemunhas para depor acusando dom Xavier. Este recorda que entre essas testemunhas encontrava-se um lavrador, muito amigo, e isto lhe causou enorme tristeza. Antes do julgamento, esse lavrador foi interrogado pela polícia federal e, ao final, assinou um documento que corresponderia às suas declarações. Mas deveria ainda, no dia do julgamento, vir depor. Narra o bispo que, dois dias antes da data do julgamento:

> [...] o lavrador estava no interior sem nenhum dinheiro para vir a São Luís. Onde morava, não passava ônibus, as estradas não eram asfaltadas, eram cheias de buracos e, em razão das chuvas, praticamente intransitáveis. Tomou, então, o burro que tinha e viajou 70 km até chegar a um local onde passava o ônibus, vindo de Brejo e de Chapadinha em direção a São Luís.[5]

Chegando a esse local, como não tinha dinheiro para o ônibus, dirigiu-se a uma casa próxima e explicou ao morador: "Preciso viajar para testemunhar no processo do padre, mas não tenho dinheiro para pegar o ônibus. Tu me empresta o dinheiro, e eu deixo meu jumento como garantia. Ele vale mais que a passagem. Na volta, se não te pagar, você fica com o jumento". Conseguiu, então, o dinheiro da passagem, tomou o ônibus e, ao chegar a São Luís, reuniu-se com o restante de um grupo que também ia ao julgamento.

Toda a luta desse trabalhador para se fazer presente ao julgamento do padre já conteria elementos suficientes para pensar que estamos diante de um relato único, miraculoso, extraordinário. Afinal, sua ausência estaria plenamente justificada diante da Justiça. No entanto, Xavier, ao tomar depois conhecimento de todas as adversidades enfrentadas por esse trabalhador para se fazer presente ao seu julgamento, reconheceu que estava diante de uma *história incomum*. O olhar eclesiástico era surpreendido por uma solidariedade sem limites. Praticamente, o único bem de que era possuidor esse agricultor – um jumento – fora dado como penhora de uma passagem de ônibus, para completar a viagem a São Luís, após percorrer 70 km no seu lombo. Além de surpreendente, essa história não traz nenhuma explicação ou impõe qualquer contexto psicológico. Todos estão livres para construir sua própria explicação para esse relato, e daí decorre, em parte, sua amplitude. Talvez, por esse seu caráter, Xavier a tenha incluído como uma das experiências relatadas que constituem sua história de vida.

Ainda no relato do seu julgamento, observa Xavier que, durante a sessão do júri, em determinado momento foi lido o depoimento que esse trabalhador assinara quando fora interrogado pela polícia federal. Quando terminaram a leitura, ele afirmou: "Eu não disse isso que foi lido, não." Então retrucaram: "Mas o senhor assinou." Ele respondeu:

> Doutor, nunca podia pensar que uma pessoa me fizesse assinar um papel, quando disse o contrário, porque eu não disse isso que leram, não! Eu falei, o pessoal bateu numa máquina, não me deixaram ler, e depois pediram para eu assinar, mas não disse isso, não.

Em outro momento do julgamento, perguntaram a este trabalhador: "O que os padres diziam sobre Mao Tsé-tung?" Ele respondeu: "O quê? Mao Tsé? Como?". Então disse: "Doutor, me desculpe, não tem essa planta aqui na nossa terra."

Passaram-se trinta anos do episódio desse julgamento e, ao rememorá-lo, Xavier relata uma experiência de vida incomensurável, vivenciada em um momento de grande perigo. Não é apenas sua própria experiência que está relatada, mas a de outrem. Recorda ainda outro depoimento, do cidadão que o denunciara à polícia:

Este participava de todas as reuniões que promovíamos, das missas e, no seu depoimento, inicia afirmando que éramos comunistas e pregávamos contra o país. O presidente do júri então perguntou: "O que é que diziam nas pregações?". Ele respondeu: "Ah! Eles diziam amai-vos uns aos outros." E não pôde completar sua fala, porque o público deu uma enorme gargalhada, e o presidente do júri, irritado, mandou que ele se retirasse.

Ouvir os relatos desses padres nos faz pensar que eles, como marinheiros, vieram do além-mar e fincaram suas raízes no meio dos segmentos populares. Trouxeram consigo uma missão: ensinar às camadas populares que

> os símbolos religiosos oferecem uma garantia cósmica não apenas para sua capacidade de compreender o mundo, mas também para que, compreendendo-o, deem precisão a seu sentimento, uma definição às suas emoções que lhes permita suportá-lo, soturna ou alegremente, implacável ou cavalheirescamente. (Geertz, 1989: 120)

Mas esses homens que se apresentam marcados de sabedorias eternas souberam também colocar-se no lugar de aprendizes, e como artesãos ir moldando suas vidas, as lições extraídas na convivência com o povo. E voltemos a Benjamin, em "Experiência e pobreza", para descobrir o quanto esses padres, homens doutos, tiveram de se desfazer, por um momento, das suas verdades celestiais *a priori* para aprender. Através de conversas, de situações vividas, de desafios cotidianos, foram tecendo histórias suas e de outros, as quais se constituem como que em anéis que vão sendo transmitidos a todos os que se dispõem a ouvi-los.

A análise de Benjamin (1985: 115) muito me auxilia, quando aponta "o surgimento de uma nova forma de miséria, com esse monstruoso desenvolvimento da técnica, sobrepondo-se ao homem", ou ainda quando indaga: "Qual o valor de todo o nosso patrimônio cultural, se a experiência não mais o vincula a nós?". Por meio de uma análise histórica rigorosa, ele lança diante de nós os perigos para a vida humana do domínio radical da modernidade. A pobreza da experiência daí decorrente produziria uma nova barbárie, porém, os "bárbaros" seriam impelidos

> para a frente, a começar de novo, sem olhar nem para a direita nem para a esquerda. Entre os grandes criadores sempre existiram homens implacáveis que operaram a partir de uma tábula rasa. Queriam uma prancheta: foram construtores (Benjamin, 1985: 116).

Talvez, metaforicamente, esses padres possam ser comparados aos bárbaros imaginados por Benjamin, nesse trabalho de se descobrirem parceiros desses vastos segmentos de atores sociais dominados pelas carências mais diversas. Nos interstícios das práticas cotidianas, reinventaram junto a homens e mulheres estratégias e táticas renovadas, construindo ainda, diante de todo o perigo, uma história a contrapelo.

GILDA E SEUS PRÍNCIPES

No final da década de 1980, um grupo de arquitetos foi convidado a desenvolver um plano de reabilitação do Bairro do Recife, na capital de Pernambuco. Esse bairro – que é uma ilha e deu o nome à cidade – foi, durante grande parte do período colonial e mesmo no século XIX e início do XX, a principal porta de entrada e saída de mercadorias e também um local de residência das famílias prósperas. Estas habitavam casarões térreos e de 2 ou 3 andares. Havia ainda os grandes armazéns, as casas comerciais, os bancos e as igrejas.

Ao longo dos anos 1940 e 1950, o bairro foi-se tornando exclusivamente comercial. Surgiram então as pensões que abrigavam mulheres, as quais tinham como clientes os marinheiros e os homens da cidade. Se durante o dia o bairro era ocupado por senhores de chapéus e gravatas correndo atrás dos seus negócios, à noite o trabalho era outro, o das mulheres. Como que por um toque de mágica, o bairro transformava-se numa festa.

Na época de desenvolvimento do projeto de reabilitação, o Bairro do Recife havia perdido, em parte, sua importância comercial; o movimento do porto diminuíra significativamente, e por extensão a vida noturna. O projeto iniciado pela prefeitura tinha como um dos seus objetivos a proteção do patrimônio histórico cultural, associada à preservação da população moradora do bairro. Com essa filosofia a equipe responsável voltou-se também para a busca das marcas da memória dos trabalhadores(as) e moradores(as). Foi dessa forma que me incorporei ao grupo,[6] com a finalidade de reconstruir através de entrevistas de história de vida fragmentos dessa memória.

A vivência diária no bairro nos legou alguma familiaridade com os portuários e as mulheres. Surgiu então a primeira dificuldade para a realização do trabalho de reconstrução da memória oral das mulheres. Conversavam, marcavam dia e hora para gravar suas entrevistas, mas não compareciam. Foi então que uma delas comentou: "As mulheres têm muito receio de dar entrevistas gravadas. Geralmente quem faz isso são jornalistas. E estes no outro dia publicam coisas que nós não dissemos." No entanto, apesar desse temor, algumas mulheres concordaram em relatar sua história de vida.

Maria Gilda, uma das mulheres entrevistadas, destacou-se como fantástica narradora. Duas características assomam em seus relatos. A primeira é que seu rememorar se constitui através do relato de casos/experiências como se isso fosse uma atividade inseparável do relembrar. Em outros termos, recordar é narrar as lições da vida, nas derrotas, nas vitórias ou mesmo naquelas ocasiões em que a peleja ou o combate não exigem um vencedor ou um perdedor. Uma segunda dimensão é que seus relatos se apresentam como uma janela da sociedade. Suas histórias são as de outros milhares de mulheres. A memória individual e a coletiva alinham-se, assim, de maneira inseparável.

Filha de trabalhadora rural de engenho de açúcar no interior de Sergipe, Gilda foi criada apenas pela mãe. Ainda muito jovem – entre 15 e 16 anos – mudou-se sozinha para o Recife, passando a morar nas pensões do Bairro do Recife. Era a década de 1960, e o bairro ainda guardava as marcas do passado.

Refletir acerca de uma história de vida a partir do relato oral de memória é debruçar-se sobre fragmentos que o narrador – ainda que com a participação do entrevistador – selecionou para construir uma imagem, uma identidade. Com Gilda não é diferente. Ela nos conta a história de uma menina que desde a tenra idade viveu para o trabalho rural. Entretanto, em seu relato também é possível encontrar sinais de um grande desejo de sair daquele universo de pobreza e miséria que o mundo social lhe reservara. Mas como operar essa mudança? O que Gilda aprendera ou guardara em sua memória como caminho possível para operar essa transformação? Lendo e relendo sua breve história de vida, duas passagens me chamaram a atenção: a primeira se refere à sua primeira relação sexual, com o filho de um fazendeiro; a segunda diz respeito à visita que a rainha Elizabeth II fez ao Brasil em 1968.

Iniciarei pelo relato da infância, ou seja, a maneira como já adulta Gilda relê esse período da sua vida. Surpreende-me a forma como desnaturaliza o tempo social, narrando como e por que não conheceu uma infância. Para ela é um modo de vida que, como adulta, reconhece não ter vivido. "Eu nunca tive infância, eu nunca soube assim o que foi esse negócio de criança, esse negócio nunca. Essa infância que brinca, eu acho bonito, porque eu não tive, não tive essa infância" (apud Montenegro; Sales; Coimbra, 1989: 73). A meninice de Gilda é outra e a mesma de milhares de crianças pobres, ou seja, a negação das brincadeiras e do lazer: "Começava a trabalhar, trabalhava, chegava de noite era aquela mesma vida, no outro dia do mesmo jeito" (apud Montenegro; Sales; Coimbra, 1989: 73). Reconstrói as lembranças daquele período projetando o trabalho como única referência. No entanto, é possível pensar também que o olhar de adulta, colocando o trabalho com essa centralidade, está carregado de sinais do presente, de quem conseguiu escapar da exploração do mundo rural. Alguém que conheceu outras formas de vida e é capaz de significar seu passado com esses matizes. Afinal, nossa rememoração do passado é informada pelo presente, pelas novas experiências acumuladas, pelas novas memórias. Como afirma Bergson (1990), não há percepção pura, assim como não há memória pura. Nossa percepção do presente e as lembranças do passado estão marcadas pelas nossas histórias cotidianas, que são sempre individuais e coletivas.

A criança trabalhadora que ressurge das memórias de Gilda narra o seu lento apaixonar-se pelo filho do usineiro:

> Encontrava aquele filho do usineiro, ali eu ficava olhando. Achava aquele rapaz bonito. Não queria nada com aqueles trabalhadores que trabalhavam com a gente nos canavial. Eu só queria aquela pessoa, só olhava aqueles rapazes, mais bonitos. Quando eu vinha pelas estradas que tinham do barracão, eu me encontrava com ele naquele cavalo bonito, todo bem vestido, aí eu pensei; ainda me caso com um rapaz desse. Mas eu era muito tola porque eu só pensava em me casar com aqueles rapazes. (Apud Montenegro; Sales; Coimbra, 1989: 73)

Como uma criança pobre, trabalhadora, constrói uma representação em que se imagina casando com o filho do senhor? Não estariam diversos signos e práticas sociais a mostrar-lhe um abismo quase intransponível entre seu desejo – enquanto representação – e sua realização?

As respostas a essas indagações vieram inicialmente através da dissertação de Silvana Sousa (1997), na qual narra suas memórias e entrevistas com diversos(as) contadores(as) de história com quem conviveu durante sua infância no interior da Paraíba. A presença marcante dos(as) contadores(as) de história, que muitas vezes podia ser algum(a) parente próximo(a) ou empregado(a) da casa, era uma experiência muito comum nas cidades do interior, nos sítios e comunidades rurais, principalmente antes da massiva adoção do rádio e da televisão. Essas histórias ou contos populares do Brasil foram alvo de coletâneas publicadas por Sílvio Romero – ainda no século XIX – e Câmara Cascudo, na década de 1920.[7]

Essa literatura me ajudou a construir uma ponte entre o mundo social em que Gilda estava inserida e a forma como rememora seu agir e seu pensar. Nesse sentido, observa Câmara Cascudo (2003: 10):

> O conto popular revela informação histórica, etnográfica, sociológica, jurídica, social. É um documento vivo, denunciando costumes, ideias, mentalidades, decisões e julgamentos. Para todos nós é o primeiro leite intelectual. Os primeiros heróis, as primeiras cismas, os primeiros sonhos, os movimentos de solidariedade, amor, ódio, compaixão, vêm com as histórias fabulosas, ouvidas na infância.

Mas a vida não guardou para Gilda o mesmo final dos contos populares, em que a jovem pobre, mas virtuosa, conquista o amor e desposa o seu príncipe. Gilda entregou-se a um jovem filho de fazendeiro, e em breve todos na comunidade em que vivia tomaram conhecimento do ocorrido, passando a chamá-la de "rapariga", expressão que era sinônimo de prostituta. Após esse acontecimento, não suportou por muito tempo esse tratamento da vizinhança e, ainda menor de idade, decidiu deixar a casa materna e mudar-se sozinha para Maceió.

O quadro social de infâncias despedaçadas, associado ao mundo do trabalho, que não integra essa parcela da população ao ativo e atraente mercado de consumo, cria um exército de homens e mulheres no limiar da cidadania, mas que não devem ser pensados à margem, e sim interagindo, informando e modelando as práticas de toda a sociedade.

A rainha Elizabeth II visitou o Brasil em novembro de 1968. Sua chegada foi precedida de inúmeras reportagens na imprensa descrevendo detalhes da história da Inglaterra, da família real e de seus incomensuráveis poderes, informações instituintes da representação simbólica do ser rainha. Acrescentem-se, ainda, notícias detalhadas sobre as ricas roupas que ela vestiria e seu costureiro, que na época era chamado de modista. Ocorreu também o envio antecipado de réplicas das joias reais, que ficaram expostas na sede da Empresa Pernambucana de Turismo no Recife, sob a guarda de policiais britânicos vestidos em trajes típicos. Foi escrita uma matéria acerca do iate real e sua tripulação, o qual se encontrava atracado no porto do Recife aguardando a rainha, que faria a travessia do Atlântico de avião. A viagem até Salvador, Rio de Janeiro e Santos seria realizada no iate. Toda a produção dessa atmosfera real está documentada na imprensa. Embora a presença da rainha da Inglaterra estivesse no bojo de interesses comerciais, esse se tornou um aspecto menor no noticiário em face dos protocolos e rituais requeridos para a realização dessa visita.

Outro tema comentado na imprensa era o da segurança, em razão da possibilidade de ocorrerem manifestações estudantis de protesto à visita da rainha. Segundo matéria do *Jornal do Comércio*, em 30 de outubro de 1968, o secretário da Casa Civil declarara que não acreditava em mobilização estudantil, pois os estudantes, antes de tudo, eram "brasileiros, fiéis a uma forte tradição de hospitalidade". Entretanto, a convicção do secretário foi cercada de uma série de salvaguardas para as duas horas de permanência da rainha e sua comitiva no Recife. O esquema de segurança contaria com:

> [...] 300 investigadores, 10 jipes, sete unidades móveis, além de grande número de guardas civis e a ajuda de 6 mil elementos da polícia militar. Enquanto isso os policiais à paisana se infiltrarão na multidão guardando vigilância próximos à rainha e sua comitiva, e qualquer elemento suspeito poderá ser detido para posteriores averiguações. (*Jornal do Comércio*, 30 out. 1968)

Gilda, que nessa época morava no Bairro do Recife, onde estava atracado o iate real, construiu de maneira muito própria em sua memória essa visita. No entanto, antes de transcrever o seu relato, abrirei um parêntese para, através de um exercício de reflexão e imaginação, analisar por que ela elaborou essa memória e não outra.

Inicialmente devo observar que, ao relatar essa memória, Gilda revela como o evento foi transformado em experiência. Provavelmente, muitos acompanharam de forma bastante próxima toda a viagem da rainha ao Brasil, mas hoje não seriam capazes de relembrar nada ou quase nada. Outros teriam elaborado memórias completamente distintas das que foram narradas por Gilda. Cabe então perguntar: por que Gilda organizou aquelas lembranças da visita da rainha e as transformou em uma memória significativa? Uma resposta possível estaria na imaginação estimulada pelos contadores de histórias que devem ter povoado sua infância. Estes, além de diverti-la, ensinavam-lhe – por meio de contos de reis, rainhas, príncipes e princesas – valores, princípios e, sobretudo, um caminho para ser resgatado daquele mundo "sem infância", de muitas privações e trabalho.

Gilda esperava, de forma consciente ou não, que a rainha Elizabeth correspondesse à imagem que lhe fora transmitida através dos contos. Ou seja, alguém de grande beleza, coberta de joias e, sobretudo, justa, bondosa e sempre caridosa com os pobres. Talvez isso fosse tudo o que ela esperava ver; e quem sabe conquistar algum príncipe da comitiva real e desencantar seu sonho.

Mas a visita tão anunciada apresentou-se cercada de uma série de medidas de controle e exclusão, que a deixaram completamente atônita. No entanto, Gilda não se abateu e transgrediu as normas, rompeu cordões de isolamento e foi ver a "sua" Rainha. Recorda então:

> Quando a rainha Elizabeth teve aqui eu era novinha, cheia de vida, muito metida a importante também. Rainha Elizabeth vai chegar, esconderam os cachorros... os cachorrinhos, os gatos, ninguém viu um gato nem cachorro. Eu morava na 206, não sabia onde botaram os gatos com os cachorros. As velhinhas também, esconderam as velhinhas, os velhinhos, os flagelados, esconderam tudinho para a mulher não ver a pobreza... Eu disse: oxente, mas por que esconderam, meu Deus?... A rainha Elizabeth é uma mulher muito bonita, muito rica, que é que eu faço para ver essa mulher de perto? Eu vou ver a rainha Elizabeth e vou conquistar logo um homem bonito daquele, um soldado daquele. Eu só pensava isso. Antes disso, a polícia chegou, escondeu os velhos, escondeu os cachorros, os gatos, tudo, disseram assim: bater as portas de prego, as janelas, para as pobres das raparigas não verem, não verem ninguém... E eu fiquei, eu vou ver, vou arrumar um homem bonito daquele, quem não vai? Eu vou. As pobres das prostitutas, tudo para ver, não podia ver. Eu digo: eu vou ver. Desci devagarzinho. O soldado bem alto... o estrangeiro bem altão, eu pequena, fiquei entre as pernas do soldado, de cócoras, olhando para a mulher, ela bonita, já de idade, mas muito rica, muito cheia de ouro... ninguém me viu... Quando foi uma hora, deu vontade de eu espirrar, eu espirrei e o soldado me viu. Tavam os soldados dela e a polícia daqui da parte da gente. Um Cosme e Damião me pegou: "Mas sua piranhinha safada! Você está fazendo o que aqui?"... Falou logo que eu queria roubar. Eu digo: "Não, eu vim ver a mulher." "Que nada, para o xadrez e só sai quando a rainha Elizabeth for-se embora." Fiquei no xadrez, minha colega de casa pegou foi lá. Falou: "A senhora promete de só... ela só ir para rua quan-

do a mulher for-se embora?". Me soltaram... Só saí quando a mulher foi-se embora mesmo... Mas esconderam tudo, aí depois que a mulher foi-se embora apareceu os gatos, os cachorros, apareceu os velhos, aí voltou tudo de novo no mesmo lugar. Eu digo: mas que é que adiantou, esconderam os velhos e tudo. E disse que ela deixou um bom dinheiro para dar e disse que num deram o dinheiro que a mulher deixou para os pobres, porque os pobrezinhos ficaram do mesmo jeito.

Outra vez a realeza atravessa a vida de Gilda. O soldado da rainha é o príncipe encantado que poderia vir salvá-la dos sofrimentos cotidianos. Contudo, a polícia, primeiro, prende os animais e proíbe os velhinhos, as velhinhas e as prostitutas de verem a rainha. As pensões, instaladas em casarões antigos, no 2º e no 3º andares, estão localizadas na avenida por onde o cortejo real passará em direção ao porto. A polícia, para impedir que as mulheres ocupem as janelas e as varandas dos casarões e promovam manifestações de apreço à rainha, durante sua passagem em carro aberto, bate as portas e janelas com pregos e as proíbe de descerem para a avenida. Gilda vivencia um grande conflito. Por que tantas proibições se a rainha nas suas histórias sempre procurou ajudar os humildes e injustiçados? Porém, outra vez a memória e o sonho transcendem as adversidades do cotidiano. Gilda, apesar de ter sido presa e não ter conquistado seu príncipe, conclui seu relato relembrando o dinheiro que "disseram" que a rainha teria deixado para distribuir aos pobres, mas que ninguém viu, pois tudo ficou como dantes. Sua rainha continuou bondosa e caridosa como aprendera nos contos.

Narradores na história

Todos os relatos privilegiados para análise neste capítulo remetem a práticas microssociais vivenciadas por diversos atores. Esses atores sociais anônimos adquirem visibilidade através de narrativas que descrevem, com uma diversificada riqueza de detalhes, experiências cotidianas, que comumente se perdem nos desvãos da história.

Além de trazer à tona o lado submerso do *iceberg*, para usar uma metáfora de Paul Veyne, o trabalho do historiador, com os relatos individuais de atores sociais anônimos, remete aos novos desafios que têm sido presença constante nas discussões da micro-história.

Vários aspectos se projetam nesse debate, como, por exemplo, a questão da relação entre "a experiência singular e a ação coletiva" (Revel, 1998: 11). Um trabalho de reflexão e elaboração do historiador no sentido de, ao construir essa relação complexa entre os níveis macro e micro, não se deixar seduzir pela reificação do individual ou do acontecimento extraordinário. Ao mesmo tempo, a construção histórica realizada a partir da perspectiva individual exige que se contemple um conjunto de elementos díspares e contraditórios articulado à ordem explicativa muitas vezes homogeneizadora e totalizante da perspectiva macro-histórica (Revel, 1998). Nesse sentido, o relato do sapateiro remendão quando interrogado pelo coronel e mesmo o do padre Xavier durante seu julgamento, ao reconstruir a atuação de um homem do campo diante do promotor, expressam iniciativas sociais forjadas por um fazer popular que transcende as estratégias de resistência de grupos organizados e partidos. Constroem outro campo de ruptura em relação às práticas institucionalizadas pelo regime militar instalado em 1964 – como nos casos analisados aqui.

As narrativas desses agentes sociais interrompem a lógica dos fenômenos englobantes que imporiam um sentido homogeneizador ao comportamento dos grupos e dos indivíduos. Por outro lado, somos desafiados

> a levar a sério migalhas de informações e a tentar compreender de que maneira esse detalhe individual, aqueles retalhos de experiências dão acesso a lógicas sociais e simbólicas que são as lógicas do grupo, ou mesmo de conjuntos muito maiores. (Revel, 1998: 13)

Nesse cenário teórico é que situo a memória do amigo morto reconstruída por Manoel Serafim, que institui outra forma de recepção à notícia da violenta repressão ao movimento social rural materializada no assassinato do líder camponês. A reportagem no jornal, em lugar de produzir em Manoel Serafim uma representação de medo ou mesmo de comiseração pelo infortúnio de que foi alvo o amigo e líder, gera um sentimento de admiração, por se saber próximo de alguém que aparece no jornal como se fosse "uma grande pessoa". E a dor da perda se materializa em imaginação poética capaz de *esfriar o sol*.

As viagens de desobriga que Jaime, assim como outros padres, revela em suas memórias, foram uma prática muito comum durante certo período, como ação missionária da Igreja Católica. Entretanto, passar das diretrizes mais gerais dessa prática, definida nos documentos oficiais, para o plano das descrições individuais possibilita romper com um certo tipo de análise em que predomina "um contexto unificado, homogêneo, dentro do qual e em função do qual os atores determinam suas escolhas" (Revel, 1998: 27). Assim, não estou propondo desconhecer os parâmetros gerais que buscam estabelecer os regimes das práticas sociais. O que estou criticando é construir a história como resultado ou dedução lógica de referenciais gerais. Esses relatos de fragmentos de memória permitem inverter essa ordem ou procedimento habitual do historiador, procurando "constituir a pluralidade dos contextos que são necessários à compreensão dos comportamentos observados" (Revel, 1998: 27). Dessa maneira, a análise desses fragmentos singulares possibilita instituir outra forma de compreensão, desafiando as construções históricas pelos níveis de complexidade e de negociação que são requeridos através das estratégias e táticas apresentadas nos mais variados contextos.

Gilda e seu relato da passagem da rainha Elizabeth em 1968 revelam como os acontecimentos são apropriados pelas pessoas comuns, que os narram por meio de um olhar que reconstrói cenas em que o inusitado e o absurdo das práticas policiais são apresentados pelos signos da violência. Ou ainda, como acentua Bergson (1990), toda percepção é construída de forma indissociável das marcas da memória, ao mesmo tempo em que esta não se apresenta na simples legibilidade dos acontecimentos, mas nas fissuras labirínticas dos percursos de construção e ressignificação constantes que as experiências do presente produzem. A visita da rainha, no relato de memória de Gilda, é única e não é, é individual e é social, numa tensão impossível de separar. Dessa maneira, transforma-se num locus privilegiado de novas aprendizagens e descobertas, em que o tempo da visita da rainha e a procura do seu príncipe desdobram-se em outras memórias, numa luta incessante que se abre a novas histórias.

Notas

[1] Foucault (1989) escreveu um trabalho de reflexão a partir desse quadro de Magritte, analisando as múltiplas leituras possíveis dessa relação entre a imagem e a linguagem.

[2] Esse projeto de pesquisa, apoiado pelo CNPq, tinha como um dos seus objetivos entrevistar padres estrangeiros que emigraram para o Nordeste do Brasil entre o final da década de 1950 e a década de 1960.

[3] As citações de Jaime de Boer incluídas neste capítulo foram extraídas da entrevista realizada no período de setembro a outubro de 1997, para o projeto *Guerreiros do Além-Mar*.

[4] As desobrigas (hoje quase em desuso) eram as visitas que os missionários faziam, em princípio a cada ano, aos locais mais remotos do sertão, levando os sacramentos às populações que não dispunham de assistência religiosa regular, devido ao próprio isolamento em que viviam ou à ausência de padre na região. O nome *desobriga* refere-se ao antigo preceito da Igreja de que o católico é obrigado, ao menos uma vez por ano, a confessar-se e comungar. Nas desobrigas, além de celebrar missa, o padre fazia confissões, batizados e casamentos em grande quantidade. (Escribano, 2000: 18, nota do tradutor).

[5] Entrevista com o bispo D. Xavier Gilles de Maupeou d'Ableiges, realizada no período de 1 a 5 de fevereiro de 1998, para o projeto *Guerreiros do Além-Mar*. Essa entrevista é a fonte das citações de D. Xavier incluídas neste tópico.

[6] Coordenado por Amélia Reinaldo, o grupo tinha também a participação de Ivandro da Costa Sales e Silvia Rodrigues Coimbra, entre outros.

[7] A obra de Sílvio Romero, *Contos populares do Brasil*, que teve sua primeira edição em Lisboa, em 1885, foi publicada no Brasil em 1897. O livro de Câmara Cascudo, *Contos tradicionais do Brasil*, foi editado em 1924. Seguindo essa tradição, a Fundação Joaquim Nabuco, a partir do projeto *Conto Popular e Tradição Oral no Mundo da Língua Portuguesa*, envolvendo instituições do Brasil e Portugal, publicou, em 1994, *Contos populares brasileiros: Pernambuco*, organizado pelo professor e pesquisador Roberto Benjamin.

Ligas Camponesas e sindicatos rurais em tempo de revolução

Em novembro de 1987 entrevistei, no bairro popular de Casa Amarela, na cidade do Recife, João Lopes da Silva, conhecido por Bubu. Naquela ocasião, Bubu estava recém-casado, nos seus bem vividos 66 anos. Fora convidado para contar sua história de vida ao Departamento de Memória da Federação das Associações de Moradores, Centros Comunitários e Conselhos de Moradores de Casa Amarela (Feaca) porque, além de morador do bairro, era caboclo de lança de Maracatu.[1] Ao relatar sua história de vida, os acontecimentos que seleciona para reconstruir sua memória oral e, por extensão, a identidade que deseja pública revelam-no um exímio narrador. Em muitos momentos, suas descrições de acontecimentos, ações, sonhos e reflexões são projetadas como se o passado fosse outra vez revivido. Reconstrói as marcas de outro tempo com uma emoção renovada, como se a cada momento vivesse uma peleja final, embora a trilha do presente permeie o caminhar pelos escaninhos das marcas do passado.

Escolhi Bubu e suas trilhas da memória, nas idas e vindas de suas tortuosas lembranças, para, por meio de alguns fragmentos de experiências, projetar descrições das relações entre patrões e trabalhadores rurais na década de 1940, no Nordeste.

Um certo engenho Mamulenga

Bubu era filho de trabalhador rural. Seu pai plantava cana para o senhor de engenho e tinha direito a um sítio, em que cultivava sua lavoura de subsistência – milho, feijão, macaxeira –, e podia algumas vezes levar um excedente para vender na feira no final de semana. Mas essa prática seria alterada ao surgir a proibição do direito de sítio para os trabalhadores da cana. Nas suas recordações, esse momento é reconstruído por meio de diversas experiências que se intercalam em um tempo simultâneo:

> [...] foi quando eu me casei; bom, adepois, quando adepois de muito tempo, o senhor de engenho, todo senhor de engenho combinava, que tem lá a Federação dele, a sede, e dizia: não vai mais dar sítio a filho de lavrador. A gente agora só quer eles tudo para trabalhar no eito da cana. Quando a gente ia pedir sítio... eles diziam não, dá não, tudo pro eito. (Apud Casa..., 1988: 12-3)

Esse pequeno fragmento revela a forma como para o narrador foi entendida a medida de proibir os sítios. Uma decisão dos senhores de engenho através do seu órgão de classe, que aparece no relato como "federação", tornou essa uma medida coletiva. Poder-se-ia pensar que com a proibição do direito ao sítio os próprios senhores contribuíram para a ruptura de um dos elos que constituíram e cimentaram a secular relação paternalista entre senhores e trabalhadores. No entanto, para Bubu, outro acontecimento iria concorrer, de forma mais radical ainda, para romper seus laços com as práticas paternalistas que o prendiam ao engenho Mamulenga. Recorda então uma doença que teve logo após o carnaval, quando, apesar de já estar casado, contou com o apoio de seu pai e sua mãe, com remédios e até com rezadeira. Foram três meses de convalescença. Nesse período, não pediu ajuda ao senhor de engenho. Porém, em seguida, sua mulher adoeceu, e nesse momento decidiu pedir auxílio:

> [...] quando a mulher adoeceu aí fui lá; disse: "Seu Júlio, eu quero que o senhor me empreste dez mil réis, para comprar um vidro de remédio para a mulher." Seu Júlio respondeu: "... é, João Lopes, eu vou...". Eu ganhava naquele tempo dois mil réis e quinhentos réis, naquela época. Ele disse: "... é, eu vou aumentar para três mil réis, não posso emprestar dinheiro não!" Eu digo: "Tá certo." Vim para casa. Papai disse: "João, vá lá em casa buscar o dinheiro." Aí eu fui, papai me emprestou dez mil réis, fui em Aldeia de São Sebastião, comprei um vidro de água inglesa para a mulher, ela tomou e ficou boa. (Apud Casa..., 1988: 116-7)

Esse acontecimento teve um efeito simbólico e prático, radical no imaginário de João. O pacto paternalista, para ele, era rompido de forma definitiva com aquela recusa de ajuda à mulher que adoecera. Sobretudo, porque já vinha pensando em trabalhar em outros lugares ou mesmo mudar-se para o Recife. Mas, antes de entregar a enxada e a casa ao patrão, queria mostrar que um trabalhador como ele merecia outro tratamento. E não esquece de narrar a promessa que fez a si próprio naquela oportunidade:

> Eu vou mostrar a Seu Júlio o que é um trabalhador... Quando chegava no serviço, metia a enxada para cima. A gente estava no mês de São João, cavando rego de cana. Eu metia na frente, puxava o eito assim, eu gritava: "Puxa a beira e o canto, deixa o meio pra dia santo, corre o canto e a beira, deixa o meio para segunda-feira." Pá, pá, pá... os outros homens limpando, quase cem homens, para cavar rego... pá, pá, pei, pei, pei... Quando foi no mês de agosto, encontrei compadre Roseno no rancho, e ele disse: "Compadre, sua vaga na usina está arrumada. Você vai segunda-feira falar." ... Eu fui, cheguei lá arrumei a vaga... Voltei para Mamulenga, trabalhei mais quatro

dias, quando foi na sexta-feira, nesse dia trabalhei que só não sei o quê. Quando cheguei no serviço, disse: "Olhe! Só sou morador de Mamulenga até hoje! De hoje em diante, não sou mais." Aí o pessoal dizia: "Tu bebesse água do açude de Mamulenga, tu não sai mais nunca." Eu digo: "Tá certo." Vou, aí comecei, eu vou me embora, peitei, quando larguei de cinco horas, peguei a enxada, cheguei assim, digo: "Pronto, seu Júlio, está aqui sua enxada, só sou morador do senhor até hoje, de hoje em diante não sou mais." Aí ficou: "O que é isso, seu João?" Digo: "É sim senhor, seu Júlio, porque eu quero patrão para quando eu precisar da minha necessidade, precisar dele, mas de um patrão, quando chega minha necessidade, ele não me serve, para mim não dá." (Apud Casa..., 1988: 117-8)

João constrói uma estratégia para romper com os laços de dependência que constituem a relação capital/trabalho. Revela uma maneira de pensar, investida de um agir que aponta uma experiência. Age com "trampolinagem",

> palavra que um jogo de palavras associa à acrobacia do saltimbanco e à sua arte de saltar no trampolim, e como trapaçaria, astúcia e esperteza no modo de utilizar ou de driblar os termos dos contratos sociais. Mil maneiras de jogar/desfazer o jogo do outro, ou seja, o espaço instituído por outros, caracterizam a atividade, sutil, tenaz, resistente de grupos que, por não ter um próprio devem desembaraçar-se em uma rede de forças e de representações estabelecidas. Tem que "fazer com". Nesses estratagemas de combatentes existe uma arte dos golpes dos lances, um prazer em alterar as regras do espaço opressor. Destreza tática e alegria de uma tecnicidade. (Certeau, 1994: 79)

João Lopes rompe com o espaço opressor, mas antes trabalha até os limites de suas forças, como para provar a si mesmo que seu valor está além do reconhecido pelo patrão. É um trabalhador exemplar, que provavelmente ninguém imagina que esteja preparando o golpe, o lance. Afinal, é o próprio líder dos cem homens que cavam o rego para plantar a cana, puxando na voz o ritmo da enxada. Mas, antes, garantiu a vaga na usina. E sua tenacidade se define também pelo prazer em romper com as regras que regem a relação patrão/empregado, as quais, na sua representação, não lhe atribuem o valor de que se considera merecedor. Por outro lado, ao anunciar aos companheiros que está de partida, estes lhe relembram o efeito mágico das águas do açude, que torna todos prisioneiros de seu próprio destino, o de viver e morrer trabalhando em Mamulenga. João, entretanto, não se intimida, "peita" os companheiros e sua água servil, e o patrão, que não acredita no que escuta do trabalhador dedicado. Com a consciência de que quem rompeu o contrato foi o senhor, declina as razões de sua despedida ao dizer: "patrão, quando chega minha necessidade, ele não me serve, para mim não dá".

Terá Bubu realmente dito ao patrão que ele não atendeu sua necessidade e por isso estava indo embora?! Ou essa é uma representação silenciosa que construiu, mas sempre guardou para si próprio, revelando-a apenas ao reconstruir sua memória oral?! Essa resposta, no entanto, nunca será obtida. Apenas sabemos que ela apresenta-se nesse momento de recordação, reconstrução dos tempos de despedida de Mamulenga.

O fragmento de memória da história de vida de João Lopes possibilita compreender como algumas relações de dominação no meio rural do Nordeste, nos meados do século xx, vinham se transformando. O senhor não mais cedia o sítio para o trabalhador produzir uma lavoura de subsistência. Colocava-se a possibilidade de mudança para o Recife ou para outros locais de trabalho em face da ruptura do pacto patriarcal, pois os senhores pareciam atender cada vez menos à antiga representação de que supriam as necessidades do trabalhador.

Chegando em Galileia

Galileia é o nome de um engenho de fogo morto[2], situado no município de Vitória de Santo Antão, distante 50 km do Recife. Em meados da década de 1950, suas terras estavam ocupadas por 140 famílias de trabalhadores rurais, que viviam do cultivo da agricultura de subsistência. Pelo uso da terra, era cobrado um aluguel, o foro, que nos últimos anos, segundo os moradores, subira além da sua capacidade de pagá-lo (Santiago, 2001).

Em face da dificuldade de muitos agricultores em saldar o débito com o proprietário, ou da extrema pobreza de outros, que precisavam apelar para a ajuda da prefeitura no momento de enterrar seus mortos, foi fundada a Sociedade Agrícola e Pecuária dos Plantadores de Pernambuco (SAPPP). Estatutariamente seus objetivos eram assistencialistas. Foi a forma encontrada pelos agricultores do engenho para criar um fundo de ajuda mútua. Dessa forma, poderiam contornar a humilhação de serem enterrados no caixão da prefeitura, como relata um dos líderes da SAPPP, no documentário *Cabra marcado para morrer*,[3] referido no capítulo anterior.

A preocupação com a morte e, mais propriamente, com a forma de ser enterrado é algo muito presente na população do meio rural. Antonio Callado (1969: 34) revela que ao entrevistar os moradores de Galileia, em 1959, estes, comentando a extrema miséria em que viviam, lhe disseram: "A gente já enterrava defunto com mortalha de papel." Mas a preocupação com a morte fora transformada em negócio, e na cidade de Vitória de Santo Antão havia várias sociedades mortuárias.[4] Com uma contribuição mensal de dez cruzeiros por mês a essas sociedades, o trabalhador poderia garantir caixão e sepultura para si e seus dependentes (Callado, 1969).

A estratégia para enfrentar de maneira coletiva os problemas que afligiam de forma direta a comunidade de Galileia estava também marcada pela presença de alguns ex-militantes comunistas, como Zé dos Prazeres, que no período de 1946-47 fora um dos dirigentes da Liga Camponesa da Boa Ideia, a qual reunia plantadores de verdura do bairro de Iputinga, no Recife. Posteriormente, Zé dos Prazeres retornou ao meio rural e tornou-se uma das lideranças que ajudaram a fundar a SAPPP. Outro sinal da influência comunista era a presença de Paulo Travassos, um militante do PCB que se transferira do Espírito Santo para Pernambuco, onde passou a atuar politicamente. Posteriormente, Paulo Travassos seria substituído no cargo de presidente por Zezé da Galiléia (Azevedo, 1982).

A criação de uma entidade de caráter associativo em lugar de um sindicato rural que interviesse em favor do trabalhador na relação capital/

trabalho, no meio rural, expressava o nível de controle político das oligarquias rurais. Os proprietários, através da Confederação Rural Brasileira, pressionavam o Ministério do Trabalho, no sentido de impedir qualquer iniciativa que possibilitasse estender os direitos trabalhistas já alcançados nos centros urbanos ao meio rural. A sindicalização rural, embora prevista pela Consolidação das Leis do Trabalho, compatível com os termos da Constituição de 1946 e anunciada como meta de diversos governos, era barrada pela pressão do bloco agrário (Lessa, 1985).

O caráter assistencialista e de ajuda mútua da SAPPP de Galileia e a tática de conciliação dos trabalhadores fizeram com que estes convidassem o proprietário do engenho – Oscar Beltrão – para ocupar o cargo de presidente honorário. Na festa de fundação, em 1º de janeiro de 1955, entre discursos, fogos e danças, o proprietário autorizou a retirada de madeira da mata do engenho para a construção de uma capela. Os trabalhadores, ao fundar uma sociedade beneficente, procuravam institucionalizar uma prática de cooperação com que pudessem melhor enfrentar os problemas de doença, da morte e mesmo paralelamente saldar os débitos com o proprietário. O convite revela um golpe, um lance tático dos moradores, no intento de dar visibilidade, mostrar ao proprietário como estavam buscando uma maneira de – pelos seus próprios meios, a ajuda mútua – contornar os graves problemas que lhes afligiam, sem trazer qualquer ônus a ele. A fundação da SAPPP nos remete à problemática da origem, na qual Foucault e suas reflexões inspiradas em Nietzsche podem se constituir em uma trilha que estabelece outros desafios:

> O que se encontra no começo histórico das coisas não é a identidade ainda preservada da origem – é a discórdia entre as coisas, é o disparate. A história ensina também a rir das solenidades da origem. A alta origem é o "exagero metafísico que reaparece na concepção de que no começo de todas as coisas se encontra o que há de mais precioso e de mais essencial"; gosta-se de acreditar que as coisas em seu início se encontravam em estado de perfeição; que elas saíram brilhantes das mãos do criador, ou na luz sem sombra da primeira manhã. (Foucault, 1979: 18)

O que viria posteriormente a denominar-se Ligas Camponesas, adquirindo com o passar dos anos visibilidade e tornando-se motivo de admiração de muitos, tanto no âmbito nacional quanto internacional, era uma entidade criada para atender de forma pontual aos problemas prementes daquela comunidade. A presença do senhor de engenho como presidente honorário revela ainda a marca de um tempo em que os trabalhadores acreditavam que ao tomar qualquer deliberação de caráter público, ou mesmo privado, necessitavam da aquiescência dos proprietários. Por outro lado, no entanto, há de se reconhecer um movimento de resistência desses trabalhadores, em que

> a tática é movimento "dentro do campo de visão do inimigo", como dizia von Büllow, e no espaço por ele controlado. Ela não tem portanto a possibilidade de dar a si mesma um projeto global nem de totalizar o adversário num espaço distinto, visível e objetivável. Ela opera golpe por golpe, lance por lance. Aproveita as "ocasiões" e delas depende, sem base para estocar benefícios, aumentar a propriedade e prever saídas. (Certeau, 1994: 100)

Os trabalhadores de Galileia buscavam uma maneira de romper com o círculo da miséria que os atormentava, e que os condenava a uma morte de indigente. Nessa luta, a criação de uma entidade se constituía em mais um lance, em mais um movimento, sem certezas ou garantias de que algum objetivo seria alcançado. Mas mesmo essa articulação dos moradores, que aparecia como não tendo maiores consequências, realizada às vistas e com a anuência do senhor de engenho, projetava algo novo, uma postura coletiva que causava estranhamento e reação dos proprietários.

Em breve, partiria do próprio senhor de engenho o movimento de ruptura com a SAPPP. Renunciaria ao cargo de presidente honorário e exigiria dos moradores a extinção da Sociedade. As razões dessa mudança de atitude são atribuídas a fatores diversos. Para alguns autores, decorreu sobretudo da influência de outros proprietários, que viam na entidade um enorme perigo para o que era denominado na época "*pax* agrária", além da suspeita de que ela era obra de comunistas (Azevedo, 1982). Para outros, o motivo fundamental era o fato do filho do proprietário estar projetando transformar Galileia numa fazenda para criação de gado. A existência da entidade, mesmo de caráter assistencialista, poderia acarretar maiores dificuldades no momento de expulsar as famílias de moradores (Santiago, 2001).

Em um curto período, a entidade que fora criada como possibilidade de ajudar os moradores a enfrentar as dificuldades decorrentes da extrema pobreza em que viviam trouxe-lhes novos problemas. O presidente honorário renunciou e exigiu a sua extinção; além disso, começaram a ser ameaçados de expulsão, pois o filho do proprietário demandava a desocupação do engenho para criar gado.

Uma alternativa então tentada foi a de buscar o apoio das autoridades; uma comissão constituída pela diretoria da SAPPP apresentou em audiência o seu pleito ao general Cordeiro de Farias, governador de Pernambuco na época. Mas não conseguiu sensibilizá-lo para o problema daquelas famílias que lutavam pelo direito de ter uma terra para manter o sustento dos seus (Santiago, 2001). Ainda procuraram parlamentares e advogados que se interessassem em defendê-los, mas não obtiveram sucesso.

Rua Cruz Macedo, 99

Em 1963, Joseph Page, estudante de Direito de Harvard em viagem de turismo ao Recife, sentiu-se atraído pela problemática do Nordeste e decidiu estender sua passagem pela cidade, que seria inicialmente de três dias. Nessa oportunidade, entrevistou alguns políticos que tinham uma atuação de destaque na época. Entre os entrevistados, interessou-se especialmente por Francisco Julião, de quem granjeou a confiança, a ponto de acompanhá-lo em diversas viagens.

Em seu livro, como resultado de entrevistas, descreve em detalhes o encontro da comissão de trabalhadores rurais do engenho Galileia com o referido deputado, em janeiro de 1955. Embora registre o autor que existem várias versões publicadas, descrevendo aquele encontro, a sua aproxima-se da realizada por Antonio Callado.

Na minuciosa reconstituição apresentada, um aspecto significativo reside na casualidade daquele encontro. Afinal, a comissão já fora em busca de outros apoios. Visitara o governador e depois diversos advogados, que cobraram um alto preço para defendê-los. Também fizera contatos na Assembleia Legislativa, mas sem sucesso. Por acaso, alguém dera o endereço da residência de Francisco Julião. No entanto, poderiam ter chegado à casa do deputado e este ter viajado, estar em reunião ou mesmo não querer recebê-los naquele domingo. Simplesmente poderia repetir-se o que já ocorrera em outras tentativas (Page, 1972).[5] Nesse momento, em razão do caráter de imprevisibilidade da história, recordamos Foucault (1979: 28) quando afirma: "As forças que se encontram em jogo na história não obedecem nem a uma destinação, nem a uma mecânica, mas ao acaso da luta."

Os trabalhadores chegaram de carroça puxada a cavalo, no bairro da Várzea, à procura da rua Cruz Macedo. Em épocas passadas aquela área fazia parte do engenho da Várzea; no redesenho urbano, a partir da década de 1950, passou a ser localizada tendo como referência o final da avenida Caxangá, para quem se dirige do centro da cidade em direção ao subúrbio. Esse bairro, que em pleno século XXI ainda guarda um pouco dos casarões coloniais ao redor de sua praça principal e mesmo nas ruas paralelas, mantém alguns traços de uma atmosfera de cidade do interior do Nordeste.

Ao localizar a rua, o grupo formado por Zezé da Galiléia, Manuel Severino, Amaro do Capim e José dos Prazeres não teve dificuldade em encontrar a casa do deputado Julião. Um casarão em estilo colonial, cercado de fruteiras. Foram recebidos por Julião, a quem narraram a situação em que se encontravam, ameaçados de expulsão das terras e pressionados para encerrar as atividades da SAPPP. Após essa conversa inicial, Julião teria dito: "Eu os defenderei. Sou um deputado. O Estado me paga. Vocês não terão de me pagar coisa alguma" (Page, 1972: 54). Foi então marcado um novo encontro, dessa vez em Galileia, quando o deputado conheceria todo o grupo.

Julião era advogado e deputado estadual, eleito pelo PSB em 1954, após não ter conseguido se eleger em duas candidaturas anteriores, em

1945 e 1947. Em 1955, quando das eleições legislativas suplementares, recebeu o apoio do PCB e foi lançada a palavra de ordem: "Garantir a vitória de Francisco Julião" (*Folha do Povo*, 09 jan. 1955). Em 1958 foi reeleito deputado estadual. Ao aceitar a defesa dos foreiros de Galileia, Julião iria tomar as providências para que a sociedade fosse registrada em cartório. No início de 1955 visitou Galileia, para conhecer toda a comunidade (Page, 1972).

A INVENÇÃO DAS PALAVRAS

A Sociedade Agrícola e Pecuária dos Plantadores de Pernambuco, do engenho Galileia, em breve tornar-se-ia matéria de pauta na Assembleia Legislativa, onde o deputado estadual Francisco Julião ocuparia a tribuna para defender os seus filiados, ameaçados de expulsão pelo proprietário. Ao referir-se aos *trabalhadores rurais* utilizando o termo *camponês*, foi apartado por uma colega deputada, que sugeriu a utilização de um termo menos contundente. A palavra sugerida em substituição a camponês foi *rurícola*. Para a deputada, o termo utilizado por Julião continha uma carga política e ideológica muito grande. Posteriormente, em conversa reservada, acrescentou: "Estou vendo a hora lhe darem um tiro aqui dentro." (Santiago, 2001: 59-60)

A mobilização em torno da questão agrária no Nordeste adquiriu maior visibilidade a partir de dois congressos realizados no ano de 1955. O primeiro foi o Congresso de Salvação do Nordeste, uma iniciativa da seção local da Liga de Emancipação Nacional, que reuniu 1.600 delegados, entre parlamentares, intelectuais, profissionais liberais, líderes sindicais. Durante os debates, ganhou relevo outra compreensão política e técnica do Nordeste, em que a problemática da seca era dissociada da questão geográfica. Ao final, o conjunto das moções serviu de base para a redação da "Carta de Salvação do Nordeste". Entre as comissões de trabalho, uma das mais concorridas foi aquela dedicada à questão da terra, presidida pelo padre Leopoldo Brentano, da Ação Católica Operária, com a participação de aproximadamente duzentos delegados. Entre as moções, destacou-se a da reforma agrária como uma das soluções para a questão do campo (Azevedo, 1982).

Logo após este significativo conclave, ocorreu o 1º Congresso de Camponeses de Pernambuco, organizado pela SAPPP, que contou com o apoio do professor Josué de Castro,[6] então diretor da FAO. Participaram aproximadamente 3 mil trabalhadores rurais e, em face da cobertura da imprensa, houve maior visibilidade para os problemas das relações sociais no meio rural. A imprensa passou a denominar a Sociedade Agrícola e Pecuária dos Plantadores de Pernambuco de "Ligas Camponesas", apontando nela um nítido caráter comunista. Essa associação entre a SAPPP e a expressão "Ligas Camponesas" não era fortuita. O PCB, no período da redemocratização, de 1945 a 1947, instituíra um movimento de mobilização e organização dos trabalhadores rurais, em diversos estados do Brasil, que na época foi denominado Ligas Camponesas (Lessa, 1985).

O congresso realizado ajudou de forma decisiva na estruturação da SAPPP de Galileia, que passou a ser conhecida, a partir daquele momento, como Ligas Camponesas. A mobilização dos trabalhadores rurais, até então restrita ao município de Vitória de Santo Antão, onde se localizava o engenho Galileia, iria estabelecer uma nova rede de contatos em outras cidades do interior, como também no Recife. Ampliar-se-ia a articulação das Ligas com intelectuais e parlamentares e com o movimento urbano organizado. Seria criado dessa forma um suporte jurídico e político-parlamentar que romperia com o isolamento dos conflitos no meio rural (Azevedo, 1982).

A expressão "Ligas Camponesas", resgatada pela imprensa na tentativa de colocar a opinião pública contra a SAPPP, pois a nomeava como organização comunista, foi reapropriada pelos camponeses, e através dessa expressão é que seriam registradas as próximas sociedades agrícolas.

A disputa pelas palavras era indissociável de uma nova prática que se instituía. O receio da deputada com o uso da expressão *camponês* não era infundado. Após o congresso, "o Recife presenciaria uma passeata campesina, que desfilaria pelas ruas centrais da cidade" (Azevedo, 1982: 64). Como afirma Foucault (1979), a linguagem expressa também uma prática.

Mas a disputa linguística não estava concluída. Ela interpenetrava os demais níveis das práticas sociais e a elas estava relacionada, representando uma preocupação constante nas Ligas. Produzir efeitos de verdade, estabelecendo uma ruptura com o discurso oligárquico e patriarcal que justificava as relações de exploração, requeria diversas manobras táticas. O discurso em defesa do *status quo* estabelecia uma reação a qualquer regime de mudança, que era projetado como uma grande ameaça comunista, não apenas ao mundo rural, mas à sociedade como um todo.

A estrutura da organização dos trabalhadores rurais que então se definia estabeleceu a criação de uma sede regional das Ligas Camponesas no Recife, que coordenaria as ações no interior. A sede local das Ligas em cada município seria denominada delegacia. A escolha do termo aponta mais uma tática adotada para fortalecer o trabalhador no seu enfrentamento com o patrão. O camponês conhecia a delegacia de polícia, onde muitas vezes era pressionado a comparecer para resolver pendências trabalhistas, ou mesmo a desocupação compulsória de alguma terra em que morava e plantava com a família. Ele teria, então, uma delegacia que defenderia seus direitos, onde não mais seria alvo de pressões e prisões. O patrão passaria a ser obrigado a fazer algo a que não estava habituado, ou seja, negociar com o trabalhador. Ao termo delegacia, com um significado distinto, associava-se outra prática social. Nesse aspecto, Julião teria um grupo de advogados ajudando-o nos diversos litígios que surgiriam entre proprietários e trabalhadores que buscavam o apoio das delegacias das Ligas (Page, 1972).

O Nordeste em movimento

O período que compreende desde a criação das Ligas Camponesas até o golpe militar de 1964 transformou o Nordeste e as lutas sociais no meio rural em objeto de incontáveis reportagens na imprensa nacional e mesmo internacional. Selecionei duas reportagens acerca do Nordeste, resultantes das visitas de dois jornalistas à região, oportunidades em que realizaram contatos e entrevistas com camponeses e políticos. A primeira é a série de artigos do jornalista Antonio Callado, para um jornal do Rio de Janeiro, *Diário da Manhã*, publicada entre 10 e 23 de setembro de

1959. Posteriormente, uma nova visita de Callado resultou em matérias publicadas entre 29 de novembro e 2 de dezembro do mesmo ano. A outra reportagem foi realizada pelo jornalista americano Tad Szulc, para um jornal da cidade de Nova York, *The New York Times*, publicada em 31 de outubro e 1º de novembro de 1960.

Antonio Callado viajou ao Nordeste a convite do Conselho de Desenvolvimento Econômico do Nordeste (Codeno) e visitou os estados do Ceará, Paraíba e Pernambuco. Estava em discussão na época, na Câmara Federal, uma Lei de Irrigação que, entretanto, encontrava resistência de parlamentares do Ceará e da Paraíba, onde os problemas da seca eram dos mais graves. Na série de reportagens que realizou, Callado denunciava a "indústria da seca", ou seja, os mecanismos através dos quais os latifundiários transformavam os problemas decorrentes da seca em um grande negócio. Denunciava, também, como os açudes construídos com verbas públicas, para beneficiar toda uma população rural, acabavam atendendo a uns poucos latifundiários.

Em seguida, ao visitar Pernambuco, relatou a luta dos moradores de Galileia. Fez um breve histórico da SAPPP e de como os moradores estavam mobilizados na expectativa do desfecho de um pedido de desapropriação do engenho, encaminhado ao Governo do Estado e que tramitava há dois anos na Assembleia Legislativa (Callado, 1969). Toda essa série de matérias de Callado resultou de um movimento dentro do governo Juscelino Kubitschek, que estrategicamente procurava obter o apoio daquele jornal aos projetos apresentados para responder à grave crise que dominava o Nordeste, ampliada com a enorme seca de 1958. A aprovação da opinião pública era considerada de grande importância para vencer a resistência de muitos parlamentares no Congresso ao projeto Operação Nordeste, elaborado por Celso Furtado e que resultaria na fundação da Sudene (Furtado, 1989).

As reportagens veiculadas na imprensa criavam um Nordeste em que muitos se reconheciam, enquanto outros não. Instituíam por extensão um campo de luta, pois a cada criação encontram-se associados conceitos, imagens, princípios políticos, análises do presente e perspectivas de ação e mudanças que se confrontam com outras criações. Ao mesmo tempo, acontecimentos vários, possibilitam estabelecer associações que projetam e ampliam as possibilidades de compreensão do passado. As forças que se digladiavam naquele momento apontam para

> um combate "pela verdade" ou, ao menos, "em torno da verdade" – entendendo-se, mais uma vez, por verdade não "o conjunto das coisas verdadeiras a descobrir ou a fazer aceitar", mas o "conjunto das regras segundo as quais se distingue o verdadeiro do falso e se atribui ao verdadeiro efeitos específicos de poder"; entendendo-se também que não se trata de um combate "em favor" da verdade, mas em torno do estatuto da verdade e do papel econômico-político que ela desempenha. (Foucault, 1979: 13)

A mobilização dos camponeses de Galileia tornou-se, nos últimos anos da década de 1950, um símbolo de resistência para uma parcela da sociedade, enquanto para outras representava o avanço do comunismo e a ruptura da "*pax* agrária". Após a criação da SAPPP, em 1954, e sua regulamentação em 1955, o movimento de trabalhadores rurais assistiu na imprensa e nos meios políticos a uma constante campanha de ameaças e acusações de subversão da ordem e desrespeito ao princípio sagrado da propriedade. Por parte do governo de Pernambuco, não existia qualquer canal de negociação. Apesar de toda essa campanha, as delegacias das Ligas se expandiam no estado e, em 1959, já eram em número de 25.[7] As mobilizações públicas de camponeses eram uma constante. No 1º de maio de 1956, Julião mobilizou seiscentos camponeses para participar das comemorações no Recife. Em 1958, vieram 3 mil para o 1º Congresso de Lavradores, Trabalhadores Agrícolas e Pescadores, os quais caminharam até a Assembleia Legislativa, que dedicou uma sessão à questão da Reforma Agrária (Callado, 1969).

Um incidente com a polícia, no final de 1956, possibilita-nos reconstruir um fragmento da resistência a qualquer mudança no meio rural e, por outro lado, revela o apoio oficial a práticas que violavam o estado de direito. Julião reunia-se mais uma vez com os moradores de Galileia, num dia de sábado à tarde, quando o capitão da Polícia Militar estadual o prendeu e cortou a linha telefônica entre Vitória de Santo Antão e Recife, impedindo que os camponeses comunicassem o fato a algum membro do Conselho Regional das Ligas na capital. Mesmo sendo deputado estadual e, portanto, dispondo de imunidade contra processos legais, Julião foi levado preso ao Recife e entregue ao coronel do Exército que atendia como ajudante de ordens do governador da época, Cordeiro de Farias. O coronel se disse indignado com a atitude do capitão e Julião foi libertado imediatamente. Na sessão da Assembleia, ele relatou da tribuna o ocorrido e imediatamente angariou o apoio dos seus pares. Na semana seguinte, retornou a Galileia na companhia de mais dois deputados, porém, mesmo nessas circunstâncias, foram cercados por pistoleiros contratados pelo proprietário. Após muita negociação, o impasse foi solucionado, mas revelava o clima de grande tensão na área (Page, 1972).

Além desses embates cotidianos, merecem ser consideradas as disputas políticas mais gerais que ocorriam no estado de Pernambuco. Em 1958, durante as eleições estaduais, formou-se uma frente das oposições, que ficou conhecida como a Frente do Recife. Os partidos legalmente constituídos PSB, PTB, PST e UDN formalizaram um programa e lançaram a candidatura de um usineiro, Cid Sampaio, após romper com as diversas resistências entre as esquerdas, sobretudo do Partido Comunista, que tinha muita força política, embora não aparecesse legalmente. A eleição do udenista ao governo do estado, no final de 1958, sinalizava uma ruptura da hegemonia do PSD desde 1930, além de apontar um avanço dos setores comprometidos com as lutas sociais e populares (Soares, 1982).

Assim é que as reportagens de Antonio Callado, nesse cenário político, adquiriram grande repercussão nacional. Foram transcritas nos Anais da Câmara Federal e nos Anais da Assembleia Legislativa de Pernambuco, associadas a diversos discursos favoráveis e desfavoráveis. Os artigos publicados na imprensa também alternavam elogios e ataques às matérias de Callado. A "indústria da seca", a criação da Sudene e a luta da Liga Camponesa de Galileia transformaram-se em temas centrais do debate nacional (Callado, 1969).

Em novembro de 1959, ao retornar a Pernambuco, Callado testemunhou mais uma violência contra os moradores do engenho Galileia.

Estes decidiram fazer, na data cívica de 15 de novembro, uma manifestação de solidariedade ao prefeito da cidade de Vitória de Santo Antão, José Ferrer, que haviam ajudado a eleger. Mas, para surpresa de todos, foram impedidos a cano de fuzil, conforme relata o jornalista em matéria para o *Diário da Manhã*. Alguns dias após o incidente, o juiz de Vitória de Santo Antão, que há quatro anos detinha em suas mãos o processo de despejo movido pelo proprietário, decidiu favoravelmente pela desocupação das terras de Galileia por todos os moradores que se encontravam em débito. Relata o jornalista que a alternativa que existia, para evitar um conflito de consequências imprevisíveis, era o projeto de desapropriação, que caminhava de forma vagarosa na Assembleia Legislativa, ser colocado em pauta e aprovado (Callado, 1969).

As duas matérias publicadas pelo jornalista no *Diário da Manhã*, nos dias 29 de novembro e 2 de dezembro de 1959, registrando esses acontecimentos, produziram uma reação do proprietário. Este, através do seu advogado, acionou o jornalista Antonio Callado e o deputado Francisco Julião, como incursos na Lei de Segurança Nacional. O argumento era o de que estavam incitando os foreiros do engenho a não cumprir o mandado de despejo decretado pela Justiça de Vitória de Santo Antão (Callado, 1969). A imprensa, ao divulgar amplamente o fato, provocou indignação em parcela significativa da Câmara Federal e mais de cem parlamentares federais assinaram uma moção de apoio a Callado. A ação contra o jornalista e o deputado deixou de ser tema estadual ou regional, adquirindo amplitude nacional. Em última instância, estava em debate a reforma agrária e a necessidade de institucionalização de outras relações sociais no meio rural.

A partir da posse do governador eleito pela Frente do Recife, as Ligas Camponesas ampliaram sua mobilização, acreditando que um governo constituído com representantes da esquerda apressaria o processo de desapropriação das terras. Segundo Santiago (2001: 72), "em 1958, num período de três meses, as Ligas organizaram 80 atos públicos no Recife". No entanto, foi a publicação do despacho do juiz de Vitória de Santo Antão – autorizando o cumprimento do mandato de desocupação das terras do engenho pelos moradores em atraso com o pagamento do foro – que concorreu para o acirramento do confronto entre a SAPPP e o proprietário do engenho.

O projeto de desapropriação de Galileia foi reapresentado, à medida que concentrações de trabalhadores na frente da Assembleia Legislativa e do Palácio do Governo aumentavam a pressão política. Editoriais e artigos na imprensa, em sua maioria, criticavam a possível desapropriação como uma ameaça sem precedentes à propriedade privada e à ordem social. O desfecho era imprevisível. E Julião, em declaração ao jornal *Diário de Pernambuco,* em 30 de outubro de 1959, prognosticava: "As Ligas concentrarão todos os seus efetivos para o primeiro banho de sangue do governo do Sr. Cid Sampaio, caso se consuma nova injustiça contra os moradores de Galileia." (Apud Azevedo, 1982: 69)

O governo cedeu à pressão dos trabalhadores e a desapropriação foi assinada. A repercussão na imprensa de outros estados foi imediata, e prevaleceu um tom de crítica e censura ao ato do governo. O jornal *O Estado de S. Paulo,* em editorial no dia 18 de fevereiro de 1960, afirmou:

> Ao criticarmos, não faz ainda muitos dias, a absurda iniciativa do governador Cid Sampaio, de desapropriar as terras do Engenho Galileia para, num ilícito e violento golpe no princípio da propriedade, distribuí-las aos empregados daquela empresa, prevíamos o que disso poderia resultar. A violência seria, como foi, considerada uma conquista das Ligas Camponesas, e acenderia a ambição dos demais campesinos assalariados, desejosos de favores idênticos.

O jornal apresentava o que poderia ser considerado a reação de uma parcela de setores econômicos e políticos dominantes à desapropriação. Para estes, era como se estivessem perdendo a batalha para os trabalhadores rurais e as esquerdas que os apoiavam. E ainda apresentava-se o agravante de que a medida fora tomada por um governador da UDN, embora houvesse sido eleito por uma frente em que as esquerdas tiveram um papel preponderante. No bojo dessa acirrada disputa, o governo federal, após intensas negociações, apesar da reação de uma parcela significativa de parlamentares do Nordeste, conseguiu aprovar a criação da Sudene, que ensejou mobilizações populares no Recife e em Fortaleza. A Sudene aparecia como um esforço no sentido de industrializar o Nordeste e concorrer para mudanças nas arcaicas relações sociais e políticas da região (Furtado, 1989).

Pode-se avaliar que havia, por parte do governo Juscelino Kubitschek, de uma parcela da imprensa, da opinião pública, da Igreja Católica, das associações rurais e sindicatos urbanos, um movimento em direção à mudança do *status quo* no Nordeste. Todavia, nesses mesmos setores manifestavam-se fortes resistências, que se articulavam em uma ampla rede. Estava no palco, de uma forma como talvez nunca se observara antes, uma disputa entre a mudança e a permanência.

As reportagens de Callado produziram um efeito de verdade sobre uma parcela da opinião pública, dos políticos, da Igreja Católica. Dom Helder procurou Celso Furtado, após ter conhecimento da Operação Nordeste, e garantiu-lhe todo apoio, como também abraçou o projeto de criação da Sudene (Furtado, 1989). O Nordeste precisava modernizar-se, combater a corrupção das oligarquias que utilizavam os recursos públicos para projetos particulares e possibilitar ao seu trabalhador rural tornar-se cidadão. Em torno dessa verdade foi que o governo federal projetou a Operação Nordeste e criou a Sudene. Mas, para muitos que combatiam qualquer mudança, todas essas propostas eram sinalizadoras de iniciativas comunistas.

O governo caminhava entre dois focos. De um lado, os proprietários – herdeiros de uma longa tradição de completo domínio sobre os trabalhadores e moradores de suas terras – reproduziam práticas patriarcais, em que pequenos favores e apadrinhamentos se misturavam com relações de exploração, que se manifestavam através do cambão, do foro, do "pulo da vara", do barracão. O morador – submetido ao "regime de condição", como era conhecido – tinha a obrigação de prestar 2 ou 3 dias de trabalho por semana ao engenho ou fazenda. Já o foreiro arrendava um lote de terra, mas tinha de conceder 10 a 20 dias de trabalho gratuito por ano ao proprietário, podendo enviar uma terceira pessoa para substituí-lo, no sistema conhecido por "cambão". O "pulo da vara", expressão muito comum na zona canavieira, designava a forma fraudulenta como o administrador media a extensão da terra trabalhada.[8] Assim, um trabalhador que houvesse cortado, plantado ou preparado uma terra de oito quadras (essa era a medida utilizada) recebia como se tivesse trabalhado apenas seis. A grande maioria dos engenhos de açúcar possuía também seu barracão, em que eram vendidos os produtos de primeira necessidade. Muitos trabalhadores recebiam o pagamento, todo ou em parte, em vales para comprar no barracão. Havia ainda as cadernetas, em que eram anotadas suas compras no barracão durante o mês, cujos registros tinham poucas condições de controlar, por serem analfabetos.

Por outro lado, as Ligas Camponesas se insurgiam contra os proprietários rurais, criticando publicamente, por meio de passeatas, mobilizações, toda essa situação em que vivia a grande maioria dos trabalhadores rurais do Nordeste. O coroamento dessas mobilizações, com a conquista da desapropriação de Galileia, teve grande efeito sobre os trabalhadores rurais de Pernambuco e de outros estados. Apesar da dificuldade em computar o número de associados das Ligas, afirma Fernando Azevedo (1982) que em 1961 elas chegaram a ter 10 mil associados, distribuídos entre as quarenta delegacias existentes.

Foi nesse quadro de acirrado confronto político, social, econômico e cultural que o jornalista do *The New York Times* Tad Szulc viajou ao Nordeste. Embora não existam informações sobre a forma de envolvimento do Departamento de Estado dos EUA com esta viagem, é de certa maneira possível que a reportagem tivesse objetivos que iam além de informar a opinião pública daquele país acerca das lutas sociais no campo, no Nordeste do Brasil. Essa reportagem me faz pensar na história do presente, e sou levado a comparar o movimento das Ligas com a luta dos trabalhadores rurais hoje, por intermédio do Movimento dos Sem Terra (MST). São realizadas mobilizações nacionais e ocupações simultâneas em diversas fazendas, nas diferentes regiões do Brasil, e nem mesmo assim ele é considerado uma ameaça à governabilidade do País e à paz no continente, como era apresentado o movimento rural no campo em 1960, na reportagem de Szulc. Sou então obrigado a me perguntar: o que fazia com que aquele jornalista construísse um Nordeste incendiário?

Dois fatores interligados – a Guerra Fria e a Revolução em Cuba – concorreram para, de certa maneira, construir a percepção, a compreensão e a representação que Szulc então produziu e informou para o *The New York Times*. Um jornalista, sem militância nas lides da esquerda, reproduziu o anticomunismo dominante nos EUA. O mundo que se construíra após 1947, dividido entre o bloco comunista e o bloco capitalista, não deixava alternativa a uma via autônoma, como pensava Juscelino e seu projeto *Operação Pan-Americana*, em que o Brasil assumiria uma posição de liderança na América Latina e, ao mesmo tempo, de independência em face dos dois blocos (Rogers, 1967). Jânio Quadros e João Goulart também procuraram manter uma política de não alinhamento automático em relação aos dois blocos (Bandeira, 2001).

Havia, por parte do governo dos EUA, um grande temor de que o continente latino-americano tendesse para o comunismo e se tornasse alvo do controle soviético. Nesse aspecto, a posição do Brasil era objeto de críticas do governo norte-americano. Por outro lado, a Revolução Cubana oferecia uma nova representação histórica, ou seja, na América Latina, um grupo de guerrilheiros armados, com o apoio de uma população pobre e revoltada com as injustiças e as desigualdades sociais, era capaz de fazer uma revolução e tomar o poder. Em outros termos, a imprevisibilidade histórica passou a ter uma influência significativa nas representações construídas, propiciando a produção de um grande medo da força e do poder do comunismo.

Foi de certa forma ocupando esse lugar, tomado por esse espírito, que o autor da reportagem acerca do Nordeste e da ação das Ligas Camponesas para o jornal americano se pautou. O título de sua matéria, publicada na primeira página do *The New York Times* de 31 de outubro de 1960, sentenciava: "Pobreza no Nordeste do Brasil gera ameaça de revolta". A construção da matéria não deve ter deixado dúvidas ao leitor americano de que uma revolução comunista iminente estava para ser desencadeada no Brasil. Para cimentar sua representação, intermediou suas conclusões com as declarações de líderes das Ligas Camponesas, transcrevendo alguns trechos de discursos pronunciados em uma assembleia das Ligas, no interior de Pernambuco, em que um orador teria afirmado:

> Essa luta não será mais interrompida. O exemplo de Cuba é aqui. Nós queremos uma solução pacífica para seus problemas, mas se não conseguirmos, nós viremos aqui e convocaremos vocês a pegarem as armas e fazerem a revolução. Os grandes proprietários com o apoio do imperialismo dos Estados Unidos estão sugando nosso sangue.

Ao ler esse pequeno extrato do que teria sido o discurso de um líder das Ligas, o leitor possivelmente deve ter imaginado que a revolução armada estava a caminho e que ela teria como alvo os grandes proprietários do Brasil e os interesses dos Estados Unidos na região. O efeito de verdade do enunciado é construído ao apresentá-lo não como interpretação ou comentário jornalístico, mas como expressão direta da fala de um líder camponês. Para reforçar seu argumento, associa declarações de políticos e intelectuais, para quem, se algo não for feito em termos de mudanças econômicas e da estrutura social, uma revolução de proporções incontroláveis será inevitável em poucos anos. Informa ainda Szulc que a força do comunismo na região deve-se, sobretudo, ao seu nível de pobreza, o que a torna vulnerável à pregação revolucionária. O perigo de uma revolução propagar-se do Nordeste para o resto do Brasil terá outras implicações para os EUA, além da questão da disputa pela hegemonia no continente. Essa é uma região fundamental para as estações de apoio aos mísseis intercontinentais e para o lançamento de foguetes do Cabo Canaveral, assim, haverá também implicações de estratégia de defesa militar.

Todo esse discurso, produzido a partir da representação de um Nordeste revolucionário e comunista, está articulado com os discursos e as práticas de diversos setores da sociedade no Nordeste e em outras regiões do Brasil. Szulc reforça os laços entre os interesses dos Estados Unidos e de setores dominantes da sociedade no Brasil, quando revela como muitos políticos e intelectuais, entre outros, encontram-se preocupados, apreensivos e alarmados com a possibilidade de uma revolução iminente, se nenhuma medida for tomada.

A Igreja Católica ocupa a cena

A problemática do avanço do comunismo no continente latino-americano, de uma perspectiva internacional, não era apenas preocupação do governo dos EUA. A Igreja Católica, mais propriamente o Vaticano, por intermédio do papa Pio XII, publicou na década de 1950 a encíclica *Fidei Donum*, que tinha como um dos seus objetivos o trabalho missionário de evangelização e combate ao comunismo, ao espiritismo e ao protestantismo, inicialmente em terras africanas e, posteriormente, também na América Latina. Com a morte de Pio XII, João XXIII reafirmou essa política. As dioceses de diversos países da Europa foram convidadas a colaborar nessa cruzada, enviando padres para os continentes em que havia escassez de vocações sacerdotais.

Poder-se-ia pensar que o Brasil era impedido de fazer suas próprias escolhas políticas, quer em razão da pressão dos Estados Unidos, quer da Igreja Católica, entretanto, há de se considerar que essas interferências ocorriam articuladas e mesmo a convite de setores dominantes políticos, econômicos, intelectuais e religiosos do Brasil.

Considerando o nível mais específico das lutas sociais no meio rural, observam-se, desde a década de 1950, manifestações de segmentos da Igreja Católica recomendando ao governo o desenvolvimento de uma política de reforma agrária como forma de solucionar as graves condições de vida e trabalho a que estava relegado o trabalhador do campo. Em maio de 1956, em Campina Grande, na Paraíba, após um encontro dos bispos do Nordeste, organizado pela Conferência Nacional dos Bispos do Brasil (CNBB), com apoio do governo e de setores da sociedade civil, foi publicado um documento que manifestava a posição de uma ala da Igreja quanto aos graves problemas sociais da região. Nele era criticado o problema da má distribuição da terra e a necessidade de uma reforma agrária. O encontro adquiriu um significado político tão amplo que a ele compareceram o Presidente da República e ministros de Estado (Alves, 1968).

Os constantes encontros e documentos da Igreja apontando a necessidade de enfrentar os graves problemas sociais do meio rural, principalmente no Nordeste, deviam-se em parte, segundo Márcio Moreira

Alves, a um receio da Igreja em deixar de ser a referência espiritual da população rural. "Pio XI dissera que o grande escândalo do século XIX fora a perda do operariado pela Igreja. Confrontada pelo perigo de ver este escândalo aumentado pela perda do campesinato, trabalhado por forças a-religiosas ou antirreligiosas, a Igreja voltou-se para o campo" (Alves, 1968: 68). Embora não imagine que a história seja construída em função de grandes projetos teleológicos, as forças que passaram a atuar no meio rural, mobilizando e organizando os trabalhadores, questionavam de forma radical a tradição da Igreja de estar em forte medida aliada aos grandes proprietários e às forças políticas oligárquicas.

Por um lado, os comunistas e sua tradição anticlerical apontavam a religião como ópio do povo, por construir um discurso voltado para a manutenção da exploração e submissão dos trabalhadores rurais como algo natural. Por outro, as Ligas Camponesas se transformavam na grande força de organização e mobilização no meio rural. Ao produzir um discurso de crítica à atuação dos padres, elas se afirmavam como defensoras de um outro cristianismo, distinto daquele que apoiava os grandes proprietários e estava sempre aliado ao poder político. Ou seja, um líder como Julião construía em seus escritos uma representação de que havia uma íntima relação entre a vida de Jesus e a luta do camponês. Dessa maneira, à medida que criticava a influência católica tradicional, projetava as Ligas como alternativa messiânica. A *Cartilha do camponês*, publicada pelas Ligas Camponesas para orientar o trabalhador sobre como votar nas eleições presidenciais de 1960, revela-se fundamentalmente como um instrumento de crítica ao discurso do proprietário, que constantemente se apropriava dos referenciais cristãos para garantir e reforçar as relações sociais e o *status quo*. Utilizando como estratégia pedagógica uma possível fala do proprietário, a *Cartilha* registra:

> O latifúndio diz assim: "Deus castiga aquele que se rebela contra ele. Se um é rico e outro é pobre, se um tem terra e outro não, se um deve trabalhar com a enxada para dar o 'cambão' e outro se mantém e se enriquece com o fruto desse 'cambão', se um vive num palácio e o outro numa palhoça, é porque Deus quer. Quem se rebela

contra isso, se rebela contra Deus. Sofre os castigos do céu: peste, guerra e fome. E quando morre vai para o inferno. O pobre deve ser pobre para que o rico seja rico. O mundo sempre foi assim. E há de ser sempre assim. É Deus quem o quer...". Assim fala o latifundiário ao camponês. Usa o nome de Deus para assustar-te. Porque tu crês em Deus. Porém esse Deus do latifundiário não é teu Deus. Teu Deus é manso como um cordeiro. Se chama Jesus Cristo. Nasceu em um estábulo. Viveu entre os pobres. Se rodeou de pescadores, camponeses, operários e mendigos. Queria a liberdade de todos eles. Dizia que a terra devia ser de quem trabalha. E o fruto era comum. São suas as seguintes palavras: "É mais fácil um camelo passar por um buraco de uma agulha, que um rico entrar *no reino dos céus.*" Porque afirmava essas coisas foi crucificado pelos latifundiários do seu tempo. Hoje seria fuzilado. Ou o internariam num asilo de loucos. Ou seria preso como comunista. (Julião, 1960: 15)

O texto da cartilha, possivelmente lido em voz alta nas rodas de camponeses, em face da tradição oral do cordel em todo o Nordeste, e também do grande número de analfabetos, deve ter causado forte impacto entre muitos trabalhadores rurais. Talvez nunca tivessem ouvido, ou lido, uma crítica tão direta ao discurso e às práticas dos proprietários e dos padres e pastores. Ao propor outra forma de compreender a religião e o discurso de proprietários, padres e pastores, as Ligas se projetavam com uma proposta de ruptura com os discursos e práticas que perpetuavam as relações sociais de exploração e dominação.

O trabalho das Ligas era em muitos locais apoiado ou mesmo liderado por militantes comunistas. Após a vitória da desapropriação de Galileia, as Ligas se expandiram para o Norte e o Sul do Brasil. Na Paraíba, alcançaria um alto nível de mobilização e organização, destacando-se as delegacias de Mari e Sapé. Mas as Ligas iriam romper oficialmente com o PCB em novembro de 1961, durante o I Congresso Nacional de Lavradores e Trabalhadores Agrícolas, em Belo Horizonte, convocado pela Ultab e associações e entidades controladas pelos comunistas. Nesse Congresso, as Ligas estavam presentes com apenas 215 delegados, em um total de 1.400, cuja maioria era composta por representantes da Ultab e um pequeno número ligado ao Movimento dos Agricultores Sem Terras (Master), que atuava no Rio Grande do Sul, sob a orientação de líderes rurais ligados a Brizola. Apesar disso, a tese das Ligas de "reforma agrária radical", na lei ou na marra, empolgou a plenária e derrotou as propostas elaboradas pelo PCB (Azevedo, 1982). Essa ruptura com os comunistas fez com que três forças – Igreja, PCB e Ligas – disputassem o controle do movimento dos trabalhadores rurais.

As Ligas tornaram-se um caminho alternativo de organização e mobilização das massas trabalhadoras do campo, em face da ausência de sindicatos rurais. Em razão de sua estrutura de funcionamento, sob a forma de associação, as Ligas operavam fora do controle do Estado. As solicitações de reconhecimento dos sindicatos rurais assistiam, há décadas, à resistência política dos grandes proprietários, que impediam a aprovação de inúmeros pedidos encaminhados ao Ministério do Trabalho. Embora previstos pela Consolidação das Leis do Trabalho, de 1946 e anunciados como objetivo de governos sucessivos, os sindicatos rurais não se materializavam no efetivo cumprimento da determinação legal. Segundo Márcio Moreira Alves (1968: 69),

> até 1960 o Ministério do Trabalho reconhecera apenas oito sindicatos rurais no Brasil: Barreiros, Rio Formoso e Serinhaém, em Pernambuco, Belmonte, Ilhéus e Itabuna, na Bahia, Campos no Estado do Rio, e Tubarão em Santa Catarina.

Diversos pedidos de reconhecimento, encaminhados sob influência do Partido Comunista e também da Igreja, esbarravam em entraves burocráticos e políticos.

A Igreja, quando do aparecimento das Ligas, desenvolvia uma atividade junto aos trabalhadores rurais do Rio Grande do Norte, conhecida como Serviço de Assistência Rural (SAR), criada pelo arcebispo de Natal, dom Eugênio Sales. Essa experiência estava voltada para a alfabetização e educação e a partir dela é que seria criado o Movimento de Educação de Base (MEB). A experiência do Rio Grande do Norte inspirou o trabalho que a Igreja desenvolveria em Pernambuco, sobretudo como forma de reagir ao avanço da esquerda no estado. Dessa forma, foi criado o Serviço de Orientação Rural de Pernambuco (Sorpe), cujo objetivo fundamental era promover a sindicalização rural, procurando atrelar o movimento rural ao trabalho paroquial.

Quando da passagem de André Franco Montoro – considerado um representante do Partido Democrata Cristão – pelo Ministério do Trabalho, em 1962, um grupo de bispos do Nordeste dirigiu-se a ele e solicitou o fim dos entraves burocráticos que impediam a aprovação de diversos pedidos de reconhecimento de sindicatos rurais apoiados pela Igreja.[9] Em 1º de maio de 1962, o Ministro, atendendo à solicitação dos bispos, anunciou a aprovação de diversas cartas sindicais. Estava então aberta a disputa entre católicos, comunistas e as Ligas pelo controle dos sindicatos rurais. No final de 1963, só em Pernambuco já existiam 43 sindicatos, com diretorias eleitas a partir do trabalho desenvolvido pela Igreja, em que o Sorpe exercia uma influência direta (Lessa, 1985).

O reconhecimento dos sindicatos rurais pelo Ministério do Trabalho e Previdência Social (MTPS), a partir de 1962, rompeu com a tradição dos proprietários rurais de impedir qualquer forma de regulamentação efetiva das relações no meio rural. O sindicato, que era considerado uma ameaça à paz agrária pelos proprietários, passou a ser visto pelo governo e setores da Igreja como uma forma de barrar o avanço das Ligas Camponesas. Embora Julião afirmasse que as Ligas e os sindicatos não eram concorrentes, a sindicalização em massa iria contribuir para esvaziar as Ligas. Os sindicatos rurais então fundados estavam sob o controle dos comunistas ou da Igreja Católica. Outro fator que concorreu para o enfraquecimento das Ligas, segundo alguns autores, foi o fato destas incorporarem a concepção foquista da revolução armada (Anderson, 1997), o que resultou na criação de campos de treinamento guerrilheiro em Dianópolis, Almas e Natividade, em Goiás, que posteriormente seriam desarticulados pelas Forças Armadas. Essa opção política gerou dissensões e uma crescente crise interna, que também concorreu para a perda da hegemonia no movimento rural.

O governo, preocupado em construir alternativas para enfrentar o acirramento dos conflitos no meio rural, adotou a bandeira da Reforma Agrária e, entre outras medidas, criou a Superintendência da Reforma

Agrária (Supra). Nos primeiros meses de 1964, aprovou o Estatuto do Trabalhador Rural.

O golpe de 1964 interromperia toda essa experiência histórica. Líderes sindicais, políticos e militantes de esquerda seriam alvo de prisões, torturas e assassinatos. Os proprietários teriam o apoio dos militares para cercear qualquer tentativa de modernização das relações de trabalho no meio rural. Durante décadas de resistência as lutas no campo se transformariam, engendrando novas formas de organização e mobilização dos trabalhadores rurais.

Notas

[1] O maracatu é uma manifestação da cultura popular de tradição africana. É constituído por todo um séquito real com rei, rainha, príncipes, damas de honra e embaixadores. Na frente, uma baliza abre alas para o cortejo. Em torno do séquito seguem as baianas, e atrás a orquestra de zabumbas, bombos e gongués. Desfila no dia de Reis Magos e no Carnaval. (Ferreira, Ascenso. *O maracatu, presépios e pastoris e o bumba-meu-boi*: ensaios folclóricos. Recife: Departamento de Cultura, 1986.)

[2] A expressão "engenho de fogo morto", imortalizada no romance de José Lins do Rego, *Fogo morto*, refere-se ao engenho que não produz açúcar e fornece cana para alguma usina.

[3] As filmagens foram iniciadas em fevereiro de 1963, no engenho Galileia, mas interrompidas com o golpe de 1964. As personagens do documentário são a viúva de João Pedro, alguns dos seus filhos e muitos moradores de Galileia. Em 1982, o diretor retornou ao local, projetou o que fora salvo das filmagens iniciais e entrevistou os trabalhadores.

[4] "Sociedade mortuária" era o nome utilizado pelas funerárias na época. Segundo Callado (1969), as maiores em Vitória de Santo Antão eram: Amor e Bem, Obreiros do Bem e Sociedade Mortuária.

[5] O autor relata que sua fonte para tão detalhada descrição foi uma entrevista com o líder das Ligas, Jonas de Sousa, e que esta também corresponde ao que Antonio Callado escreveu na série de artigos para o *Correio da Manhã*.

[6] Josué de Castro, além de haver publicado diversos livros e artigos sobre a problemática da fome no Nordeste e no Brasil, foi parlamentar pelo Partido Socialista e exilado político após o golpe de 1964.

[7] Em Pernambuco, existiam delegacias das Ligas Camponesas nas seguintes cidades: Goiana, Igarassu, Paulista, Olinda, São Lourenço da Mata, Pau d'Alho, Limoeiro, Bom Jardim, Orobó, João Alfredo, Surubim, Jaboatão, Moreno, Vitória de Santo Antão, Gravatá, Bezerros, Caruaru, Belo Jardim, Pesqueira, Buíque, São Bento do Una, Bonito, Cortês, Escada e Cabo (Callado, 1969).

[8] Para uma explicação mais detalhada, ver nota 4 no primeiro capítulo.

[9] Um dos presentes ao encontro com Franco Montoro foi dom Francisco Austragésilo, bispo da cidade de Afogados da Ingazeira, sertão de Pernambuco, no período de 1960 a 2001, entrevistado por mim em abril e maio de 2001, para o projeto *História da Resistência Católica*, realizado com apoio do CNPq.

Arquiteto da memória:
nas trilhas dos sertões de Crateús

A construção de uma memória segue muitas trilhas, algumas vezes obedecendo às margens que o tempo lhe ofereceu, outras vezes rompendo os limites e ocupando vastos territórios. A memória de Crateús poderia ser comparada ao movimento das águas que transforma a terra em água, "o sertão em mar", como afirmam os geólogos ou prognostica a sabedoria popular. No entanto, assim como a ação humana interfere de diversas formas nos transbordamentos, uma série de estratégias concorre para que determinadas práticas, alguns acontecimentos, lugares e pessoas produzam marcas e consolidem símbolos e significados que transcendem determinadas fronteiras, limites e espaços.

Crateús está situada no sertão do Ceará, a 300 km de Fortaleza; seu nome tem raiz indígena (Kraté = coisa seca; Yu = lugar muito seco) e está também associado à tribo Karatiu ou Karati, que habitou antigamente a região (Thomé, 1994). Para muitos que tiveram oportunidade de acompanhar pela imprensa os embates entre a Igreja Católica e o Estado, especialmente nas décadas de 1960 e 1970, a cidade traz embutido em seu nome o do bispo dom Antônio Fragoso.

Para mim, entretanto, são lembranças que não vieram inicialmente pela imprensa, mas por caminhos familiares; eram os idos de 1971 e meu pai fora convidado para defender um dos padres da diocese de Crateús, que acabara de ser preso, acusado de subversivo. Passei então, muitas vezes, a ouvir histórias sobre o padre preso de Crateús, e também sobre o bispo chamado dom Fragoso. Descrições do julgamento, de visitas à prisão onde o padre Geraldo de Oliveira Lima estava preso e fora torturado. Eram descrições impressionistas, que me deixavam indignado e revoltado contra a arbitrariedade do regime militar e a inoperância da justiça, que nos meus 20 anos desejava justa e reta. Passaram-se os anos, e aquelas memórias ficaram depositadas nas reminiscências dos tempos da ditadura. Algumas vezes eram atualizadas por algum comentário avulso ou quando lia notícias na imprensa ou artigos referentes à Igreja Popular.

No final da década de 1990, iniciei um projeto para estudar a história da atuação de padres estrangeiros no Nordeste, principalmente na área rural, no período de 1960-1970.[1] Realizei diversas entrevistas, e uma passagem no relato da história de vida do padre francês Xavier Gilles de Maupeou, quando da sua chegada ao Maranhão, provocou um impacto imediato em minhas lembranças de Crateús e dom Fragoso. Narra Xavier uma das suas primeiras entrevistas com o bispo auxiliar de São Luís, que na época era dom Fragoso:

> Quando cheguei no Maranhão, em fevereiro de 1963, mergulhei na realidade social do Brasil. Foi difícil inicialmente. Dom Fragoso era bispo auxiliar de São Luís, e na oportunidade em que nos recebeu fez o seguinte comentário: "Xavier, nós pedimos um padre para o mundo operário. Tínhamos necessidade de um padre que viesse do mundo operário. Tu não vens do mundo operário, tu não conheces o mundo operário. Precisávamos de um padre maranhense, mas não temos, e tu não sabes nada do Maranhão." Em seguida apresentou-me a uma moça, que estava ao nosso lado e disse: "Estás

vendo essa moça, ela faz parte de uma pequena equipe de jovens trabalhadoras. Elas vão te ensinar tua tarefa sacerdotal, tua profissão de padre." Foi dessa equipe composta de oito moças que comecei a entrar no mundo operário dos bairros de São Luís.[2]

Após ouvir esse relato de Xavier, o conjunto de signos, imagens, significados difusos e impressionistas de Crateús e seu bispo foi refeito de forma abrupta e incontrolável. Em fração de segundos, percebi que construíra, quase que inconscientemente, uma ideia romântica de Crateús. Revisitando o passado, dava-me conta de que absorvera, através dos relatos paternos, uma representação quixotesca daquele bispo que enfrentava o regime militar a partir de um lugar que era descrito como mais um sertão. Mas deveria também reconhecer que essa forma de recepção estava associada a uma visão simplista das práticas sociais. Nesse sentido, aquele relato de memória de Xavier descortinava um outro dom Fragoso. Imediatamente senti-me confuso, sem saber exatamente o que pensar. Passado e presente emitiam signos distintos.

Por outro lado, a narrativa não deixava dúvidas. Um religioso nordestino, mesmo ocupando uma posição superior – bispo auxiliar –, recebia um religioso estrangeiro, afirmando que toda a sua formação nos seminários da França de nada valia para atuar no Brasil. Fazia-se então necessário um novo período de aprendizagem, onde os professores seriam uma equipe de jovens trabalhadoras. A proposta apresentada a Xavier apontava para novas relações de poder e saber. Um padre francês ia aprender seu ofício com trabalhadoras, ou seja, a formação intelectual e todo um conjunto de experiências trazidas da Europa pouco valiam. Isso significava uma inversão do discurso e da prática colonialista que se instalara quase que de forma natural na cultura do Brasil. Há de se considerar, ainda, que não era fortuito que Xavier, ao narrar sua história de vida através de um relato oral de memória, recriasse o diálogo que se estabelecera no seu primeiro encontro com o bispo auxiliar de São Luís e, mesmo passados mais de trinta anos, ainda reavaliasse esse encontro como um momento difícil.

Após todo um período de pesquisa acerca da história de vida de padres que vieram de outros países para atuar no Nordeste do Brasil, nas décadas de 1960 e 1970, comecei a perceber como, em face da estrutura hierárquica e centralizadora da Igreja Católica, os bispos tinham um papel muito importante na escolha dos padres e na direção que era dada ao trabalho eclesiástico e pastoral em cada diocese. Apresentei então um novo projeto ao CNPq, para estudar a atuação de bispos e religiosas no Nordeste no período do regime militar.[3] Por intermédio desse projeto, iniciei os contatos para entrevistar diversos bispos e, entre eles, dom Antônio Fragoso. Fui encontrá-lo em João Pessoa, onde passara a morar após aposentar-se da diocese de Crateús, em maio de 1998.

Conversar com dom Fragoso, ouvindo sua história de vida, perguntando-lhe sobre determinados acontecimentos, esclarecendo certos detalhes, foi em parte peregrinar pelos sertões da Paraíba, onde nasceu e viveu até os doze anos, e do Ceará, onde exerceu seu bispado por mais de trinta anos. Filho de pais agricultores – José Fragoso da Costa e Maria José Batista, que também trabalhava na roça quando a necessidade se apresentava –, eram muito pobres, e viveram intensamente a experiência da seca e da fome, em condições dificílimas de sobrevivência. É inacreditável pensar que um casal de agricultores tão pobres, impossibilitados de viajar do sertão da Paraíba (Teixeira) para visitar o filho em João Pessoa – onde Antônio Fragoso, a partir dos 13 anos, ingressara no seminário –, tenha sido capaz de proporcionar aos seus sete filhos uma educação universitária.[4] Ao mesmo tempo, conhecendo um pouco da história familiar de dom Fragoso, é possível estabelecer algumas associações entre um homem extremamente suave, de fala delicada e ao mesmo tempo de postura firme e intransigente na defesa dos mais pobres.

Rastreando sinais

A história de vida de dom Antônio Fragoso, em alguns aspectos, é muito semelhante à de muitas crianças e adolescentes nordestinos que muito cedo eram atraídos para os seminários católicos, como forma de ter uma educação escolar, que seus pais não estavam em condições de lhes proporcionar.⁵ No entanto, mesmo esse tempo de seminário não foi uma experiência fácil para dom Fragoso, como ele próprio narra:

> [...] chegando no seminário, meu pai não tinha nada. Todos os seminaristas usavam batinas, eram padrezinhos. E eu tinha que trabalhar como porteiro. Trabalhei dois anos no seminário de São Francisco. Trabalhava muito, para levar todos os recados e trazer, ir à rua e voltar e tinha que dar conta das mesmas lições que os outros davam, tendo todo tempo livre, mas fiz o curso!⁶

Após esse período, o seminário conseguiu que uma família próspera de João Pessoa o adotasse, fato que viria a tornar as coisas um pouco mais fáceis. dom Fragoso ordenou-se padre em 1944, aos 24 anos de idade, e em 1957 foi sagrado bispo, assumindo a função de bispo auxiliar de São Luís do Maranhão, onde permaneceu até julho de 1964. Nos sete anos em São Luís não tinha plena autonomia, pois percebia que devia agir em sintonia com o arcebispo dom Delgado:

> Então, nessa transição, eu não pude ter um projeto próprio. Não era o pastor de uma Igreja. Era ajudante do pastor dessa Igreja. E como ajudante, questão de lealdade, eu tinha que fazer unidade com ele. Então, não ia acentuar minhas discordâncias, porque não era o pastor. Achava desonesto isso. Então, fiquei assim com ele esse tempo. Como vigário capitular passei um ano. Não podia renovar nada. Nada se muda, durante a vacância de lá. Então, eu não podia mudar nada, até ir para uma diocese, Crateús, onde pude ser o pastor. Pude então fazer junto com o povo o meu projeto.

Embora afirme seu cuidado em não aprofundar discordâncias com o arcebispo dom Delgado, o bispo auxiliar tornar-se-ia conhecido por sua postura em favor dos trabalhadores e trabalhadoras e seu trabalho junto à Juventude Operária Católica (JOC). Em meados de 1963, dom Delgado se transferiu para Fortaleza, e dom Fragoso era considerado seu sucessor natural, inclusive por indicação do próprio arcebispo. Entretanto, na hierarquia eclesiástica, quando o bispo principal se afasta, a figura do bispo auxiliar desaparece. Diante disto, dom Fragoso foi indicado pelo cabido como vigário capitular. A espera pela nomeação do novo arcebispo seria de um ano. Para muitos, a indicação de dom Motta, em julho de 1964, em lugar de dom Fragoso, seria resultado da pressão dos militares. O padre Xavier, em sua entrevista, fez o seguinte comentário:

> Em 1964, dom Fragoso foi denunciado por um padre do Maranhão, como subversivo, como comunista. Foi então transferido para "o fim do mundo", para Crateús, no interior do Ceará. O natural teria sido ele se tornar o arcebispo de São Luís no lugar de dom Delgado que fora para Fortaleza.

Outro fato que pode ter concorrido ainda mais para que os militares fortalecessem a construção do estigma de dom Fragoso como religioso comunista está relacionado à prisão de uma militante de esquerda que havia trabalhado na JOC em São Luís. Em seu poder, quando da sua prisão, foram encontradas duas cartas enviadas por dom Fragoso. Essa notícia foi publicada na imprensa com o seguinte destaque: "O general Domingues mandou prender dom Fragoso". Como dom Fragoso se encontrava, na oportunidade, numa reunião dos bispos do Nordeste em Olinda, Pernambuco, estes imediatamente se solidarizaram com ele e rechaçaram as acusações de bispo comunista veiculadas na imprensa; e ainda fizeram saber ao general que iriam todos presos em solidariedade, caso a ameaça se materializasse.

Se os militares tiveram algum poder de influência na decisão da Igreja de nomear dom Antônio Fragoso para uma diocese recém-criada no sertão do Ceará, pensando que com isso iriam condená-lo ao esquecimento e ao silêncio, cometeram um enorme erro de avaliação. Crateús, de alguma forma, representou uma volta às raízes daquele que fora criado em Teixeira, sertão da Paraíba, numa família de agricultores sem terra. Embora tivesse saído aos 13 anos para iniciar sua formação e nunca mais tivesse voltado a morar com a família, jamais perdera seus laços e compromissos.

"Ser comunista" — território do discurso

Em quase todas as publicações que tratam da Igreja Popular, da religiosidade popular, das Comunidades Eclesiais de Base (CEBs), entre outros temas relacionados à Teologia da Libertação, as atividades desenvolvidas pelo bispo de Crateús são consideradas referência: Scott Mainwaring, em *Igreja Católica e política no Brasil*; Thomas Bruneau, em *The Political Transformation of the Brazilian Catholic Church*; Márcio Moreira Alves, em *O Cristo do povo*; Emmanuel Kadt, em *Catholic Radicals in Brazil*; Thomas Sanders, em *Catholicism and Development: the Catholic Left in Brazil*; Helena Salen (org.), em *A igreja dos oprimidos*; Benedito Santos et al., em *A religião do povo*. Poderia relacionar ainda dezenas de títulos em que as práticas eclesiais e pastorais da Igreja de Crateús foram objeto de estudo, reflexão e análise.

O fato da diocese de Crateús tornar-se muito conhecida, mesmo não estando localizada em algum centro urbano de maior destaque, pode ser atribuído a um conjunto de fatores: a) a conjuntura do regime militar instituía como sendo de extremo perigo as práticas sociais religiosas ou laicas de apoio e organização das camadas populares do meio rural, por esta razão, a diocese era constantemente criticada por representantes do regime; b) os grupos políticos e mesmo parcela da sociedade civil, descontentes com a linha pastoral que a Igreja de Crateús assumira, a partir do seu primeiro bispo, divulgaram amplamente na imprensa suas críticas, denunciando-a como comunista e traidora dos ideais cristãos, entre outras acusações; c) a ampla rede de comunicação e apoio que possuía a Igreja Católica dentro e fora do Brasil; d) a preocupação permanente do bispo em documentar e publicar todo o trabalho diocesano desenvolvido em cada uma das paróquias da diocese.

A partir do golpe de 1964 até o final da década de 1970, havia uma enorme dificuldade em publicar determinados livros no Brasil, mesmo em editoras católicas. Livros acerca do trabalho desenvolvido pela diocese de Crateús só seriam publicados em outros países, como Espanha, Portugal, França e Alemanha. De passagem por Portugal, quando de uma viagem a Roma em julho de 1972, dom Fragoso permaneceu dois dias em Lisboa. Nessa oportunidade, reuniu-se com os militantes do Movimento do Ninho, do qual era também assistente. Esse movimento, que trabalhava com os marginais na luta por sua libertação e evangelização, no sentido de que participassem da construção de uma sociedade radicalmente nova, desenvolvia suas atividades na França, Brasil e Portugal. Esse encontro, em que o bispo explicou detalhadamente as atividades do Ninho em Crateús e fez também uma análise da situação do Brasil, foi gravado e depois transformado em livro, com o título de *Libertar o povo*, publicado em 1973.

Nesse mesmo ano, foi publicado na Espanha outro livro de sua autoria, *El evangelio de la esperanza*, onde relaciona suas reflexões teológicas à experiência de bispo que fez opção por uma pastoral voltada para os trabalhadores e trabalhadoras pobres da sua diocese, procurando demarcar vários campos teóricos em que constrói e define a sua orientação religiosa. Nesse sentido, não se furta de definir sua visão cristã de conceitos marxistas como revolução, liberdade, luta de classes, violência ou mesmo expressões como "a religião é o ópio do povo". Observa que:

> La revolución, para los opresores, es muchas veces un golpe de estado, es un golpe de las fuerzas armadas, que sustituye drásticamente una oligarquía por otra oligarquía. Para los oprimidos, la revolución es una ruptura, una denuncia organizada de todas las formas de opresión, de todas las estructuras de opresión, e al mismo tiempo la construcción de una sociedad nueva en la que participen todos los hombres, por el hecho de ser hombres, con su dignidad humana, en la socialización de las oportunidades. (Fragoso, 1973: 67)

Na análise do termo revolução, estabelece uma distinção de significados desse conceito; para os opressores seria a disputa entre oligarquias pela manutenção dos privilégios, enquanto para os oprimidos, a possibilidade da construção de uma nova sociedade. Mas esse caminho de construção deveria ocorrer sem o uso da violência, como expõe ao comentar acerca da luta de classes:

Quede claro que la motivación profunda no es el odio contra las personas, sino el amor a la persona de los oprimidos y a la persona de los opresores y, al mismo tiempo, el odio contra las formas de opresión encarnadas en los mismos opresores. Esta lucha de clases parece ser una acción necesaria, para que sea eficaz la esperanza de la liberación, para que no sea sólo una utopía. No creo en la eficacia política de la lucha armada de los oprimidos para vencer y suprimir la violencia establecida o la violencia de represión. La violencia provoca la violencia, como una nueva reacción en cadena. La lucha de clases de tipo evangélico hunde sus raíces en la fe en todo hombre, en la certeza de que todo hombre es capaz de resurrección, se es amado en la justicia y en la verdad. (Fragoso, 1973: 65)

Esses pequenos fragmentos possibilitam ilustrar como se operava a união entre conceitos marxistas e os princípios fundamentais do cristianismo, e como essa articulação de alguma forma definia a linha pastoral da diocese de Crateús. Ao mesmo tempo, deve-se considerar que dom Fragoso representava uma certa linha de pensamento entre o clero considerado progressista do Nordeste, mas que também tinha suas próprias divergências internas. O princípio da não violência, por exemplo, o aproximava bastante de dom Helder, de quem sempre foi grande amigo; todavia, não se encontravam em dom Helder uma clareza conceitual e uma articulação entre cristianismo e conceitos marxistas como as que se observam em dom Fragoso.

A articulação entre os princípios cristãos e o marxismo transformou-se num movimento que se propagou pela América Latina – em grupos como Sacerdotes para el Tercer Mundo (Argentina, 1966), Organização Nacional para a Integração Social (Peru, 1968) e Golconda (Colômbia, 1968) –, ao mesmo tempo que um número cada vez maior de cristãos começava a se envolver ativamente nas lutas populares. Estes últimos reinterpretavam o Evangelho à luz dessa prática e, algumas vezes, descobriam no marxismo uma chave para a compreensão da realidade social e orientações sobre como mudá-la (Löwy, 2000: 76).

Por outro lado, há de se considerar que todos esses posicionamentos teóricos, apresentados em *El evangelio de la esperanza*, se constituiriam, para muitos defensores do regime militar, em sinais suficientes para demonstrar mais uma prova do conhecido esquerdismo do bispo de Crateús. Para reforçar a visão desses representantes do regime autoritário, as considerações escritas pelo bispo acerca da afirmação marxista de que "a religião é o ópio do povo" seriam uma evidência irrefutável da sua opção comunista:

> Un mensaje evangélico, una predicación, una catequesis que nos dijese que el cielo sólo viene después, que este mundo es sólo un valle de lágrimas, que tenemos que tomar nuestra cruz porque no hay ahora ninguna otra salida, que la felicidad sólo se da después, que la alegría sólo se tendrá después, que la justicia sólo existirá después, que la libertad sólo se obtendrá después, que nada de eso se realiza ahora: un mensaje presentado de ese modo sería verdaderamente un opio del pueblo. Adormecería en el pueblo su capacidad de lucha, confirmaría la pasividad del pueblo. (Fragoso, 1973: 77)

Ser comunista instituiu um dos campos de maior conflito entre a Igreja Católica e o Estado durante o período do regime militar no Brasil. Costuma-se com muita facilidade atribuir a opção por uma Igreja dos Pobres, que foi sendo construída por uma parcela significativa de religiosos e religiosas, como resultado de diretrizes que vieram dos grandes centros de decisão como o Concílio Vaticano II (1962-65) e as conferências de Medellín (1968) e Puebla (1979). No entanto, deveríamos romper com essa visão mecanicista e pensar também que esses grandes encontros apontaram na direção do muito que vinha sendo praticado no cotidiano das dioceses e paróquias. Muitos relatos de histórias de vida de padres já indicam essa direção, como os do próprio dom Fragoso ou do padre Xavier Gilles, que afirma:

> Embora as CEBS tenham sido oficialmente reconhecidas a partir de Medellín, foi nessa experiência em Tutoia, pelo menos no Ma-

ranhão, que teve início este tipo de trabalho de base da Igreja. Mais ou menos na mesma época, em uma outra região do Estado, tinha iniciado um trabalho semelhante, com a missão canadense, especialmente com o chamado monsenhor Cambron. Esse tipo de trabalho das CEBs surgiu em diversas partes da América Latina, dentro de um movimento maior de renovação da Igreja entre as décadas de 50 e 60.

No entanto, no Brasil, de maneira geral, e mais especificamente no Nordeste, o trabalho desenvolvido pela Igreja junto aos trabalhadores rurais e mesmo urbanos, no início da década de 1960, constituiu-se numa estratégia importante que buscava neutralizar a influência comunista ou das esquerdas em geral. Após o golpe de 1964, a situação alterou-se radicalmente, pois o clima de repressão que se instalou, ao mesmo tempo em que reprimia crescentemente as organizações de esquerda, proibia qualquer movimento de apoio e solidariedade às lutas e movimentos populares. Os setores da Igreja que sempre trabalharam nessa direção, e mesmo outros que aderiam a essa linha, passaram a ser rotulados de comunistas. Estabeleceu-se, então, uma verdadeira batalha discursiva, de acusação e defesa, entre a Igreja e o regime, e a imprensa se transformou em palco privilegiado dessa disputa. Muitas dessas acusações algumas vezes antecipavam prisões, torturas, assassinatos e expulsões de padres de outras nacionalidades; outras vezes, as medidas repressivas eram primeiro implementadas para depois serem formalizadas as acusações (Alves, 1968). Crateús não esteve fora do alvo dos aparelhos de repressão, e um dos seus padres, Geraldo de Oliveira, foi preso, torturado e mantido incomunicável durante onze dias no Recife; um segundo padre, o italiano José Pedandola, foi também sequestrado, encarcerado e depois expulso do país, sem direito a defesa (Fragoso, 1973).

Dom Fragoso viveu de forma muito aguda, no ano de 1969, a experiência de ser estigmatizado como comunista. O pároco monsenhor José Maria Moreira do Bonfim realizou, à revelia do bispo, que se encontrava em viagem, e das próprias comunidades, uma reforma no cemitério da cidade de Crateús. Esse episódio, à primeira vista corriqueiro, transformou-se em assunto nacional – comentado na revista *Veja* e nos jornais *O Estado de S.Paulo, Folha de S.Paulo, Correio da Manhã, Jornal do Brasil, Correio do Ceará* e *Diário de Pernambuco*, entre outros –, ao projetar um conflito entre o denominado clero progressista e o clero tradicional. Esse choque culminou com a destituição do monsenhor da função de pároco da paróquia de Crateús; no entanto, em decorrência dos seus 25 anos de trabalho pastoral e dos laços familiares na cidade, a crise gerou uma mobilização de parte dos habitantes de Crateús contra a atitude do bispo. O vereador e presidente da Câmara, Nonato Bonfim, fez aprovar uma moção declarando o bispo *persona non grata*. Imediatamente, a arquidiocese de Fortaleza distribuiu nota afirmando que os vereadores seriam "considerados também *persona non grata* ante a Igreja Católica".

Ao analisar as diversas matérias publicadas na imprensa, é possível destacar aquelas que são nitidamente contra o clero progressista e, nesse aspecto, recorrem algumas vezes ao artifício de utilizar falas ou expressões de terceiros, acusando o bispo de não exercer o seu ofício de religioso, de fazer política e ser contra o regime, como esta publicada no *Jornal do Brasil*, em 20 de maio de 1969:

> O vereador Nonato Bonfim que requereu fosse o Bispo considerado *persona non grata*, alinhou as seguintes razões para a sua iniciativa: dom Antônio Batista Fragoso disse que "Cuba deve ser um exemplo para a América Latina" e convidou o povo de Crateús "a transformar a diocese numa pequena ilha de Cuba". Disse numa conferência em Sobral que "quisera ter a coragem de Che Guevara para lutar pelos oprimidos". Considerou a Revolução de março uma "revoluçãozinha aspeada". Afirmou numa conferência em Teresina que "Crateús é uma terra de analfabetos, onde não se lê jornais nem se toma conhecimento do que ocorre no resto do Brasil". Disse num programa de televisão em São Paulo que o marxismo é aceitável como método. Tem concitado o povo a "não ter medo do Exército, da Polícia e do Dops".

Para poder avaliar a gravidade dessas acusações no contexto de um regime autoritário e repressivo, ou mesmo para compreender o significado dos discursos e das práticas de um período, é necessário procurar situá-los no conjunto maior das redes sociais, políticas e culturais. Dessa forma, ocorre algumas vezes que uma declaração, uma expressão ou mesmo uma fala que se pretende favorável pode transformar-se em mais um argumento para os adversários. Nessa mesma matéria do *Jornal do Brasil*, encontra-se a transcrição de uma declaração de um porta-voz de dom Antônio Batista Fragoso, que teria afirmado que o Bispo fora considerado *persona non grata* porque "vem mostrando que já se deve dar consciência ao faminto de que ele passa fome e que deve exigir dos que governam condições mínimas de segurança, trabalho e conforto". Essa curta declaração, que hoje pode ser lida como uma afirmação comum, na época era motivo para os setores contrários à Igreja Popular apontarem um desvirtuamento da prática religiosa e indícios de incitamento das camadas populares contra o regime, representando, por extensão, uma grande ameaça à ordem e à segurança nacional.

Dom Fragoso não era comunista, pois, além dos diversos desmentidos pessoais que foi instado pelas circunstâncias a fazer, nunca se provou que tivesse qualquer filiação ao Partido Comunista, que na época, aliás, era clandestino. Muito mais que isso, suas declarações e escritos apontavam constantemente na direção contrária ao materialismo histórico que fundamentava a teoria e a prática comunistas. Acreditava, como homem de fé, inspirado nos evangelhos, que a salvação era para todos. Todavia, dom Fragoso era comunista: fazia constantes afirmações de simpatia às propostas de comunistas como Che Guevara e ao regime político de Cuba; mantinha relações de amizade dentro e fora da Igreja com pessoas também suspeitas de serem comunistas; em seus escritos era possível identificar expressões e conceitos do universo da teoria marxista. Os argumentos constantes dos seus adversários, durante o período do regime militar, eram produzidos nesse campo político; afinal, os discursos e as práticas que apontavam na direção da organização e fortalecimento dos movimentos populares eram considerados comunistas.

Arquiteto da memória

Ao entrevistar o bispo de Crateús, descobre-se um religioso que tem uma memória muito organizada, em que as palavras, as lembranças, as reflexões, ditas de forma muito delicada, associam-se a uma maneira firme e positiva de se expressar. Resultam, provavelmente, de longos períodos de meditação. Talvez as dezenas e mesmo centenas de entrevistas concedidas ao longo da vida, sobre os mais diversos acontecimentos e temas da Igreja, sobretudo a prática pastoral em Crateús, tenham concorrido para desenvolver essa capacidade de narrar, em que lembranças, sonhos e reflexões se projetam em um amplo mosaico multifacetado. Em alguns momentos, tem-se a impressão de que se está ouvindo a leitura de um livro de alguém que escreveu antecipadamente suas próprias histórias. Mas não foi apenas a sua memória pessoal que dom Fragoso teve o cuidado de organizar. Deve-se considerar que essa memória pessoal encontra-se muito organizada porque sempre foi uma preocupação e mesmo uma política da diocese de Crateús documentar encontros, acontecimentos, práticas, reflexões, projetos, caminhos e descaminhos.

Em grandes livros encadernados, que têm o tamanho de uma folha de papel ofício, é encontrada, em páginas cuidadosamente datilografadas, uma detalhada descrição das visitas pastorais periódicas realizadas pelo bispo a cada uma das dez paróquias que formam a diocese de Crateús: Ipueiras, Poranga, Tamboril, Novo Oriente, Independência, Novas Russas, Tauá, Parambu, Monsenhor Tabosa e Senhor do Bonfim. Essas visitas, com duração média de 2 a 5 dias, são descritas pelo bispo em tom bastante pessoal, intimista, o que torna a leitura agradável. Um índice remissivo, na contracapa, com o nome da paróquia, a data e a página, facilita enormemente a consulta. Os relatos, algumas vezes em forma de crônica, outras em tom de relatório, oferecem muitos detalhes. Aparecem neles os nomes das pessoas envolvidas nas diversas práticas pastorais das comunidades, debates efetuados, reflexões, problemas, enfim, um minucioso retrato escrito das atividades realizadas, como também dos encaminhamentos e projetos. Como a diocese tem uma linha pastoral voltada para o cotidiano das comunidades, os problemas das condições de vida e trabalho são bastante debatidos, avaliados e os diversos posicionamentos e propostas de pessoas e grupos, descritos. Essas encadernações, organizadas sob o título de *Visitas pastorais*, são acompanhadas por um trabalho de registro dos acontecimentos de cada paróquia, em que o padre é o responsável por descrever a memória da(s) comunidade(s) de sua paróquia, constituindo um livro de registro denominado *Livro de tombo*.

Um pequeno fragmento do que o Bispo denomina crônica de uma visita pastoral ajuda a ilustrar o enorme trabalho desse artesão da memória:

> Visita a Quiterianópolis
>
> Quiterianópolis é município novo. Chamava-se antes Santa Quitéria e, depois, Vila Coutinho. Está incluído na área da paróquia da "Senhora Santana", que cobre dois Municípios: Independência e Quiterianópolis. Funciona como uma Área Pastoral autônoma, animada pelo Pe. Maurízio Cremaschi, cedido à diocese de Crateús pela diocese de Bergamo (Itália), pela Ir. Maria Alice de Oliveira e Silva e pela Irmã Salete, ambas das "Missionárias Diocesanas".
>
> A diocese decidiu não criar, de começo, a paróquia de Quiterianópolis, para evitar tentativas habituais de manipulação política que dificultariam a liberdade da Ação Pastoral. A animação pastoral do Município, acompanhada de constante reflexão, oferece condições de uma decisão de futuro.
>
> Nesta visita pastoral, pedi ao Pe. Maurízio que iniciasse um Livro de Tombo, resgatando a memória do que acontece e recolhendo dados para a história.
>
> Esta crônica, que escrevi, limitada e incompleta, deseja ajudar o conteúdo do "Livro de Tombo".
>
> Cheguei a Quiterianópolis, no dia 11 de agosto, à noite. Estava se realizando a novena da Padroeira, Nossa Senhora da Conceição. A igreja estava bem cheia. Por isto se decidiu que, a partir de amanhã, será celebrada no pátio externo da igreja. Deusimar, da Coordenação Diocesana de Pastoral, me disse que este ano a Festa tem o duplo de gente, comparando com a Festa de 1988. Pe. Maurízio me dizia

que não há uma grande tradição da Festa da Padroeira, mas que a participação está crescendo.

12.08 – Pelas 5 horas da manhã, a Banda de Música tocou a "alvorada", despertando o povo. Seguiu-se a oração comunitária. E, pelas 8 horas, Pe. Maurízio presidiu a Eucaristia, na qual crianças receberam pela primeira vez a comunhão.

Pelas 10 horas, no Salão Paroquial, reuniu-se a Coordenação (pessoas mais responsáveis pelo acompanhamento, na cidade e no interior). Também estava presente Fr. Gerardo Fabert, irmãozinho do Evangelho, que reside na Barra dos Ricardo e anima cerca de 2 dezenas de Comunidades que estão no Município de Quiterianópolis. A Ir. Olga Meyer, da "Fraternidade Esperança" e Secretária Diocesana de Pastoral, também participou.

A reunião, que se extendeu [sic] até à tarde, teve a pauta seguinte:
1°) As alegrias que tivemos da última reunião para cá.
2°) Testemunhos dos presentes que participaram, em Crateús, do 4° Encontro Diocesano das CEBs, 6 a 8 de agosto.
3°) Revisão dos compromissos assumidos desde o último encontro.
4°) Previsão dos passos de futuro.[7]

A construção da memória que se materializa nesses relatos em forma de diário, crônica, relatório, em um misto de estilos, possibilita recuperar a dimensão memorialista de alguém que está também preocupado em transmitir às gerações futuras ensinamentos, razões e estratégias na escolha de determinadas decisões, como ao afirmar que: "A diocese decidiu não criar, de começo, a paróquia de Quiterianópolis, para evitar tentativas habituais de manipulação política que dificultariam a liberdade da Ação Pastoral." O estilo de diário, misto de crônica, revela-se em passagens como a que registra: "Pelas 5 horas da manhã, a Banda de Música tocou a 'alvorada', despertando o povo." Já na transcrição da pauta, em que não incluí o detalhamento de cada um dos quatro itens que consta do texto original, manifesta-se a dimensão de relatório.

Essa política de documentação, de registro, estimula-me a refletir acerca das muitas razões possíveis de serem relacionadas a esse modo de operar a memória que o bispo de Crateús realiza. Em uma sociedade sem tradição de políticas de construção e preservação de acervos, a iniciativa de dom Fragoso afirma-se como um projeto surpreendente. Transforma a sua vocação memorialista em uma política da diocese, e através dessa postura opera a passagem de artesão a arquiteto. Não constrói apenas e unicamente um diário pessoal e particular, mas estimula as próprias paróquias a organizarem o seu Livro de tombo. O seu texto das visitas pastorais irá também constituir-se em documento de memória a ser anexado aos Livros de tombo, como a dar exemplo e comprometer os padres das paróquias na construção das suas próprias memórias.

Ao completar 16 anos como bispo de Crateús, dom Fragoso publicou *O rosto de uma igreja*, onde apresenta a história de sua experiência na diocese de Crateús. Afirma que o livro representa a sua visão, o seu olhar e que "não é a história que o conjunto da diocese elaborou" (Fragoso, 1982: 11), embora a história da diocese tenha sido vivenciada coletivamente. O livro é dividido em três partes: "Uma caminhada de 16 anos", "Ensaio de interpretação" e "Depoimentos".

dom Fragoso, ao descrever o que nomeia de caminhada e, ao mesmo tempo, reconstruir a memória de diversos acontecimentos, realiza também uma cartografia da diocese; das atividades desenvolvidas pelos padres e grupos de leigos no momento da chegada, em 1964; da situação de cada paróquia visitada. São apresentadas em seguida as propostas, as discussões, as reflexões que foram encaminhadas coletivamente no sentido de buscar transformar a igreja de Crateús em "um serviço evangélico do povo, servidora e pobre" (Fragoso, 1982: 51).

Na primeira parte, desenvolve uma reconstrução de memórias, desde o momento da chegada, relatando em detalhes a festa com que foi recebido e suas primeiras discordâncias com o tipo de recepção organizada, com o palácio construído para sua moradia e, sobretudo, com a ausência quase completa do povo no coquetel que lhe foi oferecido. Em seguida, descreve o diálogo que estabeleceu com cada padre na visita às paróquias:

> A minha conversa inicial com os padres, em cada uma das 10 paróquias, foi saber qual era a pastoral que faziam, como estava a catequese, a liturgia, a prática das massas nas capelas e na sede, se havia ação católica especializada, que esperavam eles do bispo. (Fragoso, 1982: 19)

Um segundo episódio que o bispo demonstra interesse em rememorar e registrar no livro ocorreu alguns dias após sua chegada à cidade, quando foi à rádio e afirmou a necessidade dos trabalhadores, que viviam majoritariamente no meio rural, procurarem se sindicalizar. Imediatamente recebeu a visita de um proprietário que lhe perguntou: "Se nós colocarmos para fora das terras os trabalhadores por causa da agitação dos sindicatos, o Sr. tem terra para oferecer a eles?" (Fragoso, 1982: 21). Também durante um jantar no Lions Clube de Crateús iria reafirmar sua posição pastoral de privilegiar "a conscientização do povo do campo" e "ajudar o cumprimento da lei: que se organizassem nos Sindicatos de Trabalhadores Rurais. O orador lionista exclamou: Sindicatos Rurais? Mas isto é subversão!" (Fragoso, 1982: 21). Concluiu então dom Fragoso que seu projeto de sociedade não coincidia com os da elite de Crateús, e que essas divergências certamente seriam motivo de tensões e conflitos no futuro.

Essa primeira parte do livro, dividida em vinte tópicos, apresenta-se também como um histórico de projetos e ações desenvolvidos nesse período, além de um detalhamento da estratégia e das táticas propostas para que fosse alcançada em Crateús "uma Igreja dos pobres, comprometida com a libertação do povo" (Fragoso, 1982: 52). Já na segunda parte, são descritas as linhas teóricas e teológicas que fundamentavam o projeto de transformar a igreja de Crateús, considerada por dom Fragoso ainda predominantemente tradicional, conservadora, moderada, em uma Igreja Popular. Entende esta igreja como "a Igreja dos oprimidos, dos pequenos, dos pobres, dos fracos, reunidos nos seus espaços de base que chamamos Comunidades Eclesiais de Base. Assim, no interior da grande Igreja-Povo, está emergindo a Igreja Popular" (Fragoso, 1982: 58). Escrevendo uma conclusão nessa segunda parte, dom Fragoso reafirma seu compromisso maior com a memória ao convocar todos "os irmãos bispos, padres e leigos que me leem, se tiverem paciência de ir até o fim, um pedido, um apelo fraterno. Ponham no papel a sua experiência, o seu testemunho" (Fragoso, 1982: 97). Estabelece uma cruzada a favor do registro, da documentação, da memória, da história. Pode-se imaginar que receia que todo o enorme trabalho realizado nas diversas comunidades, as experiências, os impasses, as vitórias e derrotas, o que se aprendeu percam-se irremediavelmente no tempo. E toda essa aprendizagem acumulada, possivelmente também em outras dioceses, poderia estar sendo perdida. Produzir essas memórias, transformando-as em documento escrito, era também uma maneira de fortalecer e articular de maneira mais efetiva a Igreja Popular e seu clero.

Na terceira parte, é apresentada uma série de depoimentos de padres, religiosas, estudantes jesuítas que trabalharam ou passaram alguns dias nas comunidades das diversas paróquias. A partir de um pedido do Bispo, procuram responder à pergunta: "Igreja de Crateús, que dizes de ti mesma?" As respostas, em forma de depoimentos, relatos de experiências, reflexões, críticas, revelam ao leitor os desafios e as dificuldades em desenvolver um trabalho coletivo, procurando construir uma outra relação entre religioso(s) e religiosa(s) e as pessoas das diversas classes, das diversas comunidades, sobretudo quando se priorizam os mais pobres. Entre os depoimentos, não há nenhum que se manifeste contra o projeto previamente escolhido e desenvolvido. A partir desse ponto os textos revelam conquistas e também dificuldades e mesmo críticas a algumas práticas.

O livro representa a produção da imagem/memória de uma experiência de Igreja Popular, em que seu bispo aparece como autor e ator muito consciente do seu projeto. A reconstrução que realiza, das lembranças do momento da chegada e dos choques com as elites locais e estaduais, transforma-se numa declaração de princípios que irá informar as práticas pastoral, catequética e litúrgica posteriores. As reflexões teóricas da segunda parte revelam os princípios em que se fundamentam os caminhos escolhidos, sobretudo porque se alicerçam a partir do trabalho das Comunidades Eclesiais de Base. Com isso, o relato produz uma representação que alia de forma bastante consciente as linhas básicas do projeto de Igreja Popular e Libertadora à sua fundamentação teórica, ou seja, tudo que está sendo proposto e desenvolvido de forma coletiva com a participação popular está respaldado em rigorosas reflexões teológicas, sociais, políticas, culturais e econômicas. E por fim, o livro procura construir uma imagem de exercício da democracia, ao dar voz aos diversos atores que atuam como intercessores. Dessa maneira, alguns colaboradores podem também construir sua representação da Igreja Popular da diocese de Crateús e, algumas vezes, apresentar críticas ao modelo nela instituído a partir de 1964.

Em 1990, este arquiteto da memória iniciou um novo projeto de história, tendo em vista os trinta anos como bispo da diocese, que seriam comemorados em 1994. Dom Fragoso, em 1995, completaria 75 anos, e nesse momento deveria aposentar-se. Uma das preocupações centrais, naquele momento, era com a orientação pastoral do futuro sucessor. A iniciativa de mais um livro, de alguma forma, revela que, à medida que se aproximava a aposentadoria, desejava registrar, construir uma história, "guardar a memória do caminho percorrido, contada por aqueles mesmos que o percorreram" (Thomé, 1994: 15). Convidou então a amiga Yolanda B. Thomé, brasileira, mas residente na Bélgica há mais de quarenta anos, para executar o projeto. Ela viajou para Crateús, onde permaneceu dois meses, conversando com o povo, ouvindo sua história e transcrevendo o mais fielmente possível os relatos gravados. Foram realizadas 36 entrevistas, três das quais com grupos.

O livro, com o título de *Crateús: um povo, uma igreja*, é dividido em cinco partes: I– Um pouco de história; II– Situação e caminhada do povo; III– A Igreja de rosto novo; IV– Itinerários; V– Conclusões: forças e fragilidades. Na primeira, é apresentado um relato dos antecedentes históricos da cidade de Crateús, desde as lutas dos indígenas na região contra os colonizadores até a criação da vila em 1832, com a denominação de Príncipe Imperial – com a República seu nome mudou para Crateús. Em 1911 passou de vila a cidade, e em 1963 foi transformada em diocese. Na segunda parte, basicamente através dos relatos orais transcritos, são abordados os principais problemas vivenciados pelo povo: a questão dos conflitos de terra, o regime de trabalho, o sindicato, a Comissão Pastoral da Terra, a indústria da seca, algumas vitórias nas várias lutas empreendidas. Nos diferentes temas abordados manifesta-se uma constante presença da Igreja, por meio dos diversos grupos pastorais.

Na terceira parte, o livro procura apresentar como a Igreja de Crateús construiu seu caminho e quais seus principais projetos. Os relatos são reconstruções de como os projetos foram vivenciados pelas pessoas entrevistadas. Estas revelam como a orientação adotada pela diocese foi uma frustração para muitos que esperavam que ela assumisse um papel civilizador, cuidando de escolas, fundando seminários e realizando outras obras nessa perspectiva. Mas o caminho escolhido, como relata uma entrevistada, foi o de "incentivar o povo a ser agente de sua própria história. Essa verdadeira revolução afastou muita gente, escandalizada de ver a Igreja com um discurso político, falando de reforma agrária, dos sem-terra, do povo sofrido, das injustiças" (apud Thomé, 1994: 125). Um dos projetos que passou a ter um grande significado para a diocese foi o das Comunidades Eclesiais de Base. Por volta de 1990, elas seriam em torno de setecentas, número que denota, de certa forma, como a prática pastoral estava bastante articulada com o movimento de mobilização popular. Outro trabalho desenvolvido foi o dos projetos comunitários. A diocese realizava pequenos empréstimos[8] para que fossem desenvolvidos projetos como hortas comunitárias, bodegas, grupos de crochezeiras, depósitos para armazenar a produção. Até 1991, tinham recebido apoio 31 projetos.

No entanto, havia os mais pobres ainda, que as CEBs, com suas reuniões, suas leituras da Bíblia, suas responsabilidades partilhadas, não conseguiam alcançar. Surgiu, então, a Irmandade do Servo Sofredor (Isso), a partir do trabalho do padre suíço Freddy Kunz, conhecido popularmente como Alfredinho, que chegara em 1968 a Crateús. Narra ele que certo dia foi chamado para atender Antonieta, uma prostituta que estava morrendo de tuberculose:

> Vi então aparecer no seu rosto, como um reflexo da presença de Cristo, uma expressão de paz e alegria. Ela morreu quinze dias depois. Arrancaram a porta de seu casebre para pôr o corpo em cima. Um mês depois, combinado com o bispo, aluguei "o casebre da finada", e fui viver na zona. [...] E lá descobri um verdadeiro santuário de Deus! (Apud Thomé, 1994: 154)

Esse trabalho junto aos mais pobres foi-se ampliando e adquirindo uma dinâmica própria. Dessa forma, criou-se uma organização que vinha ajudando na integração dos miseráveis, que eram então reconhecidos como pessoas, como irmãos: "Viviam na rua, sem apoio, abandonados. Encontram um lugar na Irmandade." (Thomé, 1994: 155). No entanto, nem todos fazem uma avaliação positiva da Irmandade do Servo Sofredor, pois alegam que esta não integra a dimensão política, e que sua resistência é apenas religiosa, já que suas armas são a oração, o jejum e a não violência. Apesar de contar com o apoio do bispo, a publicação das discordâncias, de alguma maneira, revela dissensões que, muitas vezes, as memórias oficiais tendem a silenciar.

A quarta parte é constituída por relatos de homens e mulheres, religiosos(as) ou não, que descrevem em algumas páginas um pouco da sua história de vida e como se engajaram no trabalho pastoral em Crateús. Os relatos recriam acontecimentos e experiências que surpreendem pela força e intensidade com que foram vivenciados, ao mesmo tempo que projetam inúmeras interrogações acerca do que foi silenciado, face daquilo que seus narradores privilegiaram revelar. Ao final dessa parte são transcritos trechos de poemas de cantadores populares que são reproduzidos, como numa crônica do cotidiano, diversos desafios da vida e do trabalho. Para o poeta popular, o esquecimento é um grande perigo. Mesmo os momentos mais difíceis, e tudo o que se faz para enfrentá-los, parece que são apagados quando volta o bom tempo. E nessa oportunidade solicita o poeta a intervenção divina, para que a memória não seja ameaçada pelo esquecimento:

> Senhor bondoso e justo, grava em nossa memória
> Tão dada ao esquecimento, no hoje como outrora,
> A página escrita em sangue, na dor deste momento...
> Nos seja testemunha, mesmo havendo bom tempo,
> De que só a união dos pobres na justiça
> Fará vir nova era, sem seca e sem cobiça. (Apud Thomé, 1994: 197)

Nas conclusões, a autora se propõe a comentar tanto o que considera os aspectos fortes como as fragilidades. Para ela, a força está associada à radicalidade de um projeto de Igreja Popular e Libertadora, que busca, por meio de um esforço constante de exercício democrático, estabelecer uma coerência entre as palavras e os atos. Ao mesmo tempo, destaca a diversidade na unidade como condição desse exercício democrático. Por outro lado, as fragilidades decorreriam de vários fatores. Primeiro, questiona se a maioria do povo está identificada com o projeto de pastoral de libertação; como essa Igreja, tão voltada para o meio rural, responderá às questões do meio urbano? Depois, faz referência ao conflito entre a linha da diocese e a de Roma; à questão da sucessão do bispo, que se colocaria a partir de 1995; e também à escassez de pessoas, leigas e religiosas, para realizar o enorme trabalho que se apresenta a cada dia.

O livro procura reafirmar as linhas fundamentais do trabalho desenvolvido na diocese, destacar a ampla participação popular e projetar as inquietações que se colocavam naquele momento (1990), quanto à futura aposentadoria do bispo. Em outros termos, busca organizar e sistematizar uma história, reafirmar caminhos, destacar o enraizamento popular, produzir uma memória, uma identidade. Esta, quiçá, poderia constituir-se num sinal, numa marca, numa referência para enfrentar o futuro, o desconhecido, a possibilidade de ruptura.

FAZENDO A NOSSA HISTÓRIA

Em 1989, ao completar 25 anos na diocese de Crateús, dom Fragoso – que já havia garantido a memória das práticas cotidianas através dos livros das *Visitas pastorais*, tinha documentado e preservado os *Planos diocesanos de pastoral* (1965-1974) e também, a partir de 1974, iniciado a publicação do *Boletim pastoral* – passou a editar os cadernos *Fazendo a nossa história*. Estes simbolizavam mais um movimento de combate pela memória, como é afirmado na apresentação do primeiro caderno, escrita pelo padre Eliésio dos Santos, e que se transformou no "selo" dos 17 cadernos publicados:

> Durante 25 anos, a Igreja de Crateús caminha por estes Sertões de Crateús e dos Inhamuns. Todos nós, companheiros de caminhos,

trazemos conosco, na memória e no coração, as manhãs alegres e criativas e as noites de escuridão. Caminhamos juntos, num grande mutirão de Fraternidade e de Experiência de Deus, FAZEMOS NOSSA HISTÓRIA. Muitos dizem que somos "um povo sem memória". Para guardar viva, hoje e amanhã, a nossa memória, decidimos escrever estes CADERNOS.

O caderno que abre a coleção tem como título *25 anos de caminhada*. Padre Eliésio é o autor do texto, que pontua de forma cronológica os momentos considerados fundamentais na história da diocese, apresentando um quadro sucinto dos impasses, projetos, realizações e questionamentos do trabalho religioso e sacerdotal que dom Fragoso e seu grupo realizaram desde 1964.

Nessa cruzada pela memória, a volta ao passado, sua releitura, não era mais uma estratégia para se fortalecer na luta contra os adversários do presente, como fora nos anos de perseguições, prisões, torturas, expulsões de padres, na primeira metade da década de 1970. Naquele período, a diocese não se deixara paralisar pelo impacto da violência das medidas repressivas. Muitos intelectuais, religiosos ou não, foram convidados para visitas de trabalho, ministrando cursos, acompanhando reuniões e encontros, assessorando criticamente os discursos e as práticas da diocese. Era também a difícil história do presente, sendo objeto de reflexão e debates constantes com uma rede ampla de interlocutores.

José Comblin esteve no final de 1971 em uma visita de três dias a Crateús, para participar de um encontro da diocese. As reflexões que escreveu naquele momento revelam o clima de tensão interna vivido por religiosos(as) e leigos(as) em face das pressões do regime, que efetuara a prisão dos padres Geraldo de Oliveira Lima e José Pedandola – tendo este último sido expulso do Brasil –, além de perseguir e prender líderes sindicais que trabalhavam com a Igreja. Pondera Comblin (1989: 5), sobre as dificuldades e os riscos vividos pela igreja de Crateús: "Diante dos novos acontecimentos, uma reformulação de certos aspectos da pastoral diocesana parece inevitável, embora seja difícil fixar o momento mais oportuno." Em outros termos, indicava a necessidade de se tirar lições das experiências vivenciadas e procurar redirecionar o trabalho pastoral. Era necessário aprender com o que de novo acontecia, e a partir dele procurar estabelecer outros caminhos, outras estratégias. Para ele, a repressão de que era alvo a diocese advinha das "posições proféticas assumidas coletivamente ou assumidas por diversos movimentos, ou assumidas em nome da diocese pelo bispo diocesano" (Comblin, 1989: 5). Ou seja, a diocese deveria entender que o caminho então escolhido a tornava o centro das atenções do regime, e que as suas práticas eram consideradas uma ameaça à ordem e à segurança nacional. Essa forma de encaminhar a reflexão apontava no sentido de trazer para a própria igreja de Crateús a consciência de que era em razão das escolhas pastorais realizadas coletivamente que se constituíra o confronto com o regime. Por outro lado, ela também se encontrava isolada em relação às outras dioceses do Brasil:

> Em relação às demais dioceses do Brasil, a diocese de Crateús aparece relativamente isolada numa posição de "ponta profética". Essa posição e esse isolamento tornavam inevitável uma situação de repressão que já começou a se manifestar. Não se pode prever que a repressão possa diminuir. Atualmente não há fatores novos que permitiriam diminuir a pressão sobre a Igreja desde o momento em que esta tome posições de defesa, de representação ou de conscientização das classes populares. (Comblin, 1989: 6)

A análise de Comblin quanto à repressão não criava qualquer expectativa de que esta viesse a diminuir. Pelo contrário, admitia que, ao se escolher um trabalho de defesa, organização e conscientização das classes populares, a repressão do regime funcionaria como algo predeterminado, inevitável. E a sugestão ou a proposta que apresentava resumia-se em uma palavra: *aguentar*. "Fundamentalmente, não há acordo possível. Só o tempo dirá quem terá mais força de resistência e mais capacidade de aguentar" (Comblin, 1989: 6). Acreditava então que o desafio era resistir, sem alimentar muitas esperanças de que com isso alcançar-se-ia necessariamente a vitória.

Essas reflexões são fragmentos de um texto de dez páginas, redigido por Comblin em forma de carta, a pedido de dom Fragoso, como síntese e análise do encontro do qual acabara de participar, e que se encontra publicado no caderno 3 de *Fazendo a nossa história*, editado em 1989. Atendendo à solicitação do bispo, mas prevendo que toda a correspondência para a diocese de Crateús era interceptada pela polícia, Comblin enviou a carta ao bispo auxiliar de Fortaleza, para que ele a fizesse chegar às mãos de dom Fragoso. Acreditava que, por ser o bispo auxiliar um religioso alheio aos conflitos, sua correspondência não seria controlada. No entanto, falhou em sua avaliação e a polícia reteve a carta, fazendo uma cópia. Em março de 1972, ao retornar da Bélgica, para onde ia todos os anos, ministrar cursos na Universidade de Louvain, foi impedido de desembarcar no Recife. Enviado ao Rio de Janeiro, no mesmo avião em que chegara, foi interrogado por um militar que, para sua surpresa, apresentou-lhe uma cópia da carta remetida a dom Fragoso. No interrogatório a que foi submetido no aeroporto do Galeão, antes de ser embarcado de volta à Europa, passou a ser acusado de ter ligações com o bispo de Crateús, de fazer uso de uma terminologia marxista e, portanto, de ser comunista. Esses foram os argumentos básicos para a sua expulsão. Estas informações constam de carta enviada de Roma aos amigos, com data de setembro de 1972, onde descreve sucintamente como ocorreu o episódio da sua expulsão do Brasil, a qual também está publicada no caderno 3 de *Fazendo a nossa história*.

Um segundo texto que compõe este caderno é o do teólogo Clodovis Boff, que descreve sua permanência de duas semanas em Crateús, em 1981, na sua segunda viagem à diocese. O texto, que possui 27 páginas, foi publicado com o título "Uma igreja popular: impressões de uma visita pela igreja de Crateús-CE". As fontes a que recorreu para escrever este trabalho, além de sua participação em encontros com a Coordenação Pastoral da diocese e a Pastoral da paróquia de Ipueiras, foram os documentos produzidos pela própria diocese, nos quais muitos problemas eram abordados. Para este teólogo da Teologia da Libertação, "a problemática de uma Igreja como a de Crateús exige reflexão e reflexão rigorosa" (Boff, 1989: 40). Os desafios encontrados fazem-no apontar para a necessidade de se aprender a teologizar com a comunidade, em lugar de o teólogo fazê-lo por ela, sobretudo porque "a função teológica estaria hoje sendo vista e sentida como uma função indispensável à organicidade de uma Igreja" (Boff, 1989: 41).

A leitura do caderno 3 revela, além da preocupação com a memória, uma perspectiva de ampliar a reflexão teológica da prática pastoral desenvolvida. O convite ao teólogo Clodovis Boff, como também a Comblin e a muitos outros, demonstra uma prática voltada para trazer novos olhares acerca do debate religioso; possibilitar, aos agentes, diálogos e confrontos de ideias com pessoas de outras regiões e, por extensão, transformar a experiência histórica de Crateús em mais uma referência nos debates acerca da Igreja Popular, tanto em termos nacionais como internacionais.

Outro teólogo com texto publicado nos cadernos é o frei Carlos Mesters. No final de 1970, Mesters foi convidado para participar do Encontro de Pastoral da diocese de Crateús. Os debates e reflexões que essa experiência lhe provocou foram transformados num texto de noventa páginas, publicado no caderno 2. Percebe-se que o texto tem um caráter de relatório, de crônica, mas também de análise e crítica a algumas posições assumidas por determinados participantes e grupos. O encontro teve como linha básica a discussão da pergunta: "O que queremos para o ano de 1971?" (Mesters, 1989: 8). Debater esta pergunta, segundo Mesters, foi um meio da diocese definir melhor seu objetivo. As discussões iniciais lhe possibilitaram fazer o seguinte diagnóstico dos participantes: "um grupo muito heterogêneo, dividido entre si quanto ao objetivo e quanto aos meios a serem usados para se alcançar o objetivo" (Mesters, 1989: 8). Registrava-se, assim, um primeiro elemento, que era a pluralidade e os desafios para construir, através de uma prática democrática, um projeto coletivo de Igreja Popular.

Reler esse texto de 1970 é de alguma forma revisitar os principais temas que naquele momento estavam no centro das preocupações de religiosos(as) e leigos(as) que atuavam na pastoral das diversas paróquias da diocese de Crateús. Para Mesters (1989: 11), a pergunta inicial conduziu todo o debate subsequente, através de novas questões como: "Roça comunitária é trabalho de igreja?"; "Politizar é pregar o Cristo?"; "Conscientizar é anunciar o evangelho?"; "Posso matar quando quero libertar?"; "Devo falar de Jesus Cristo nas frentes de trabalho?"; "MEB e trabalho sindical são organizações da Igreja?". As respostas a essas questões, comentadas pelo autor, revelam a riqueza das discussões. Ao mesmo tempo, Mesters não se furta em apresentar críticas a determinadas posturas e argumentos de alguns participantes. Por exemplo, considera estéril a forma como foi encaminhada a questão da violência e da luta armada. Para ele, aqueles que defendiam a luta armada estavam prisioneiros da visão de que o importante era ser livre "de" – ou seja, daquilo que os oprimia –, enquanto sua posição era em defesa do debate da questão de ser livre "para". Sobretudo, porque julgava fundamental pensar o oprimido também como aquele que mantém o opressor, uma reflexão que pode ser relacionada à desenvolvida por Etienne de La Boétie em o *Discurso da servidão voluntária*. Destaca ainda Mesters, como outro fator de tensão nas discussões, a postura dos camponeses, cujo interesse maior era com os trabalhos concretos na base, desejosos de uma avaliação e revisão, enquanto para outros o importante era a discussão de ideias e linhas de ação.

Dessa forma, a diocese lançava – através dos seus cadernos 2 e 3 –, para leitura e reflexão, textos produzidos há quase vinte anos, que ajudaram a pensar e planejar os impasses vividos naquele momento. Poder-se-ia indagar qual o significado dessa volta ao passado. O que ela poderia ensinar sobre o presente e o futuro? Possivelmente, essa volta à história – por meio de toda uma memória construída, em que os cadernos passaram a desempenhar um papel fundamental – teria como alvo o futuro, ou seja: o que aconteceria a toda essa história, a todo esse movimento quando, em 1995, com a aposentadoria de dom Fragoso, o sucessor assumisse a direção da diocese? Muitos que não estiveram desde o início desse projeto, muito provavelmente, não conheciam diversas reflexões, debates, conflitos resultantes das inúmeras batalhas travadas ao longo daqueles 25 anos da igreja de Crateús como Igreja Popular. Mas, nessa diocese, a história vivida fora constantemente acompanhada por um trabalho de memória que adquiria variadas formas – relatórios, crônicas, relatos de experiência e livros de história –, em que se buscava, no passado reconstruído, instituir um modo de ser no presente. No entanto, passados 25 anos, o desafio não era apenas de resistir no presente, como observara Comblin em 1971, mas de buscar na história os elementos para enfrentar o futuro, acreditando que a vitória diante deste não dependeria dos adivinhos, mas da rememoração:

> Certamente, os adivinhos que interrogavam o tempo para saber o que ele ocultava em seu seio não o experimentavam nem como vazio nem como homogêneo. Quem tem em mente esse fato, poderá talvez ter uma ideia de como o tempo passado é vivido na rememoração: nem como vazio nem como homogêneo. Sabe-se que era proibido aos judeus investigar o futuro. Ao contrário, o Torá e a prece se ensinam na rememoração. Para os discípulos, a rememoração desencantava o futuro, ao qual sucumbiam os que interrogavam os adivinhos. (Benjamin, 1985: 232)

Em Crateús, a história enquanto rememoração, a partir do conjunto infindável e complexo de experiências e questões colocadas pelo presente, seria o território onde se deveriam buscar os sinais para os desafios projetados pelo futuro. Os cadernos foram publicados até o ano de 1998, e trataram da história das atividades realizadas em algumas paróquias, da Pastoral da Juventude, da Cáritas, da Irmandade do Servo Sofredor, do MEB-Crateús, de uma pesquisa realizada pelo Instituto de Estudos da Religião (Iser), entre outros projetos.

Destaco ainda, para efeito de análise, o caderno 6, que apresenta a pesquisa realizada pelo Iser, como parte do projeto de comemoração dos 25 anos da diocese. O objetivo da pesquisa, apresentado na introdução, era avaliar o projeto de Igreja Popular e Libertadora, estruturada a partir das CEBs, que a diocese de Crateús se propôs realizar. Fundamentalmente, a pesquisa buscava responder às seguintes perguntas: "Que tipo de igreja está resultando de todo este esforço?"; "Em que medida está sendo realizado o projeto de se tornar Igreja Popular e Libertadora?". A avaliação pastoral tinha como propósito consolidar os pontos ganhos, corrigir falhas e refletir sobre as dificuldades encontradas.

Para executar a pesquisa, o Iser trabalhou em três linhas: mapeamento da diocese, através de um questionário enviado a todas as comunidades, paróquias e setores; exame da documentação escrita da diocese; análise de relatórios solicitados às comunidades de base. O caderno produzido pelo Iser é uma publicação detalhada, trazendo informações estatísticas acompanhadas de análise dos dados, assim como os resultados de análise da documentação escrita e também dos relatórios enviados pelas comunidades. No entanto, com a preocupação de transformar o resultado da pesquisa em um texto que possibilitasse um diálogo mais próximo com as comunidades, foi constituída uma equipe encarregada de reler todo o material produzido pelo Iser e resumi-lo, para, em seguida, realizar um amplo debate em toda a diocese, no sentido de avaliar as realizações, os impasses e as perspectivas para o futuro.

A realização dessa pesquisa pela diocese reflete mais um esforço de avaliação, no sentido de rever práticas e encaminhamentos passados, na tentativa de, no futuro, poder alcançar maneiras melhores de atuar para a construção de uma Igreja Popular e Libertadora. Ao lado dessa preparação para o futuro, observa-se um constante embate com o passado que também é presente, representado por valores e práticas de um catolicismo tradicional, muito arraigado em parcelas significativas da população.

Essa disputa, entre a orientação pastoral que se instalou com a posse do bispo em 1964 e o catolicismo que fora sempre praticado na região, é transformada em narrativa no caderno 4 – intitulado *Partilhando a experiência* –, que reúne relatos de mulheres e homens sobre sua história de participação nas atividades desenvolvidas na diocese. Ao trazer o relato dos trabalhadores e trabalhadoras engajados nas diversas pastorais, atividades e projetos das paróquias da diocese, os cadernos abrem espaço para que uma memória popular se faça presente na produção dessa história. Ageu Siqueira Tenório, trabalhador rural da comunidade de Monte Sião, na paróquia de Parambu, e também militante sindical, narra:

> Eu era um de uma descendência muito tradicional, meu pai um religioso tradicional que também não aceitava muito o novo modelo da igreja, e quando meu irmão Geraldo e eu recebemos o

> convite para participar de um encontro da paróquia, das comunidades, as recomendações é que nós teríamos que ter muito cuidado, que aquele sistema era muito perigoso, que a gente fosse muito mais como um espião do que como participante, e realmente a gente que é jovem que não tem muita segurança, depende muito do pai, a gente passou por essa fase e daí foi quando fomos abrindo mais o olho, foi vendo a necessidade que tinha uma nova igreja, de uma nova participação do povo, junto às comunidades eclesiais de base, junto às decisões da paróquia, da diocese, aí a gente viu que não era aquele bicho papão que se fazia...

Nesse relato, Ageu, ao relembrar o medo e o perigo representado pela nova orientação pastoral da igreja de Crateús, traz à tona a ponta do *iceberg* de uma batalha silenciosa e quase sempre invisível, principalmente entre os segmentos populares e a pastoral diocesana. Ao contrário da classe média, que com muito mais facilidade expunha suas críticas à orientação oficial estabelecida pelo bispo, as camadas populares nem sempre deixavam claras suas discordâncias.

Esses confrontos não eram apenas com os fiéis, mas com amplos setores da própria Igreja, que se sentiam ameaçados com a estratégia implementada pela diocese de transformar a prática religiosa clerical, "para que o padre deixasse de ser o clérigo que domina, para ser o irmão e amigo que caminha com o seu povo a serviço dele", como relata dom Fragoso em sua entrevista. A dificuldade de conseguir religiosos e religiosas para ajudar no trabalho pastoral tornou-se muito grande, em razão da notícia que se espalhara de que "o bispo estava mudando, estava fazendo diferente, que aquilo não era a Igreja dos antepassados, a Igreja dos missionários, a Igreja dos santos, não era essa. Isso não podia ser de acordo... a Igreja não podia... a Igreja não podia estar de acordo com isso".

A oposição e a crítica a esse projeto, dentro da própria Igreja no Brasil, revelavam o perigo que se avizinhava com a mudança na direção da diocese. A igreja de Crateús, que lutara durante trinta anos para se afirmar e manter vivo seu projeto, tinha de enfrentar o tempo humano, com o indissociável movimento do passado, presente e futuro que os rituais de passagem estabelecem, em que a história é ameaçada pela memória, enquanto possibilidade de transformar-se apenas em lembrança.

A diocese de Crateús, que atravessara tantos momentos de crise, em face do desafio que se colocara, na construção de uma Igreja que entendia como Popular e Libertadora, projetava na história, enquanto produção de conhecimento, análises e reflexões sobre o passado, a trincheira privilegiada para o combate pelo futuro, que se avizinhava com a aposentadoria do seu bispo.

Notas

[1] Projeto de pesquisa *Guerreiros do Além-Mar*, realizado com o apoio do CNPq, entre 1997 e 1999.
[2] Todas as citações de Xavier Gilles de Maupeou incluídas neste capítulo foram extraídas da entrevista realizada no período de 1º a 5 de fevereiro de 1998, para o projeto *Guerreiros do Além-Mar*.
[3] Projeto de pesquisa *Caminhos da Resistência Católica*: ação de freiras e bispos do Nordeste durante o regime militar.
[4] O livro de José Fragoso da Costa, *À margem do meu riacho verde*, é um memorial de família, no qual o autor, a partir de suas recordações, constrói uma história da família, de sua esposa (já falecida quando da produção do livro), de cada um dos filhos e da sua única filha. Os filhos também são convidados a revelar suas memórias familiares, o que possibilita a construção de um painel múltiplo de relatos de memória.
[5] José Fragoso e Maria José tiveram seis filhos homens. Todos ingressaram no seminário e três vieram a se tornar padres.
[6] Todas as citações de dom Antônio Fragoso incluídas neste capítulo sem indicação de fonte foram extraídas da entrevista realizada no período de setembro a dezembro de 2002, para o projeto *Caminhos da Resistência Católica*.
[7] Diocese de Crateús, pasta n. 01, *Visitas pastorais*, livro III, p. 154.
[8] O dinheiro para os empréstimos vieram de doações espontâneas de amigos do Brasil e do exterior, movidos pelas notícias brutais da seca nos sertões de Crateús e dos Inhamuns. A utilização do dinheiro era submetida à discussão dos quadros diocesanos, que constituíram um fundo para empréstimos recuperáveis a serviço das comunidades.

Política e Igreja Católica no Nordeste (1960-1970)

Há diversos caminhos que possibilitam revisitar o passado. Muitas perguntas com as quais podemos interrogá-lo. Perplexidades que ele nos coloca. Caminhos, perguntas e perplexidades estão imbricados ao presente, à história vivida, às formas como as relações sociais, políticas, culturais e econômicas se constroem e se transformam. A produção do real neste início de milênio institui um presente sem distâncias geográficas em que o tempo é medido pela velocidade (Virilio, 1984). No entanto, esse tempo-velocidade carrega marcas de permanências e de rupturas que se recriam de diferentes formas (Gagnebin, 1997).

Em busca dessas marcas e na sua análise é que trabalharei neste capítulo, a partir do estudo dos relatos de história de vida de alguns padres católicos que, entre o final da década de 1950 e a década de 1960, emigraram para o Brasil e se estabeleceram no Nordeste. Construirei algumas análises acerca de memórias que reconstroem de suas vidas junto a diversos grupos dos meios rural e urbano, sobretudo aspectos culturais, políticos e sociais que vivenciaram. Privilegiarei as experiências no meio rural, reconstruindo o contexto da época em que chegaram ao Brasil e a relação que estabeleceram com uma sociedade completamente distinta daquelas em que nasceram e foram educados.

Uma parte das motivações que me levou a estudar esse tema está relacionada ao presente, à violência, à guerra contra os trabalhadores rurais pobres e sem terra. Contudo, poder-se-ia considerar o tempo histórico que separa o presente (início do século XXI) e a ação de padres católicos imigrantes junto aos trabalhadores rurais nos anos 1950 e 1960 – um dos objetivos de minha análise – bastante reduzido, quando avaliado em termos de mudanças ou transformações históricas. Ao analisar as contradições e conflitos, sobretudo por questões de terra, que se colocavam no passado, surpreende redescobri-los quarenta anos depois. Essa permanência é, de certa forma, um choque para o historiador que se volta à história das lutas no campo daquele período (Lessa, 1985).

Por outro lado, fortes sentimentos estão presentes e motivam essa escrita: uma enorme alegria e tristeza ao ler nos jornais ou mesmo assistir, próximo ao local onde moro, no Recife, à luta dos trabalhadores sem-terra.[1] Alegria pela resistência, pela coragem ou mesmo pelo desespero heroico com os quais estes trabalhadores enfrentam as diversas formas de violência. Alegria de perceber que eles não se reconhecem mais apenas como pedintes ou miseráveis nas periferias das cidades. Tristeza incomensurável por compreender que essa é uma história de guerra, de violência, de assassinatos de homens, mulheres e crianças trabalhadoras que se contam às centenas (Andrade, 1997).[2]

Outra dimensão que despertou meu interesse em estudar esse tema resultou do fato de a Igreja Católica no Brasil ter apoiado o golpe militar de 1964, porém, basicamente a partir de 1968, ter-se constituído lentamente em um polo de resistência ao regime (Bruneau, 1974). No interior dessa transformação, assistimos a diversos padres, bispos, freiras, irmãs e leigos serem perseguidos como comunistas. Como mostra a tabela a seguir, muitos foram presos; vários, torturados; outros, expulsos do país; alguns, ainda, mortos.

Tabela 1
Violência cometida pelo regime militar contra pessoas ligadas à Igreja Católica – 1964-1979

Tipos de vínculo com a Igreja	Número de pessoas/grupos atingidos, por tipo de violência					
	Calúnia	Prisão	Tortura	Assassinato	Desaparecimento/ sequestro	Expulsão do país
Total	**93**	**488**	**31**	**5**	**11**	**28**
Bispos	28	11	2	–	1	–
Padres	27	185	23	4	1	25
Religiosos(as)	12	19	1	1	1	2
Leigos	12	273	5	–	8	1
Grupos organizados	14	–	–	–	–	–

Fonte: Lernoux, 1980: 466.

Entre os assassinatos cometidos contra religiosos(as), alguns tiveram o fim de afetar diretamente os bispos com quem trabalhavam. Em 1969, foi morto de forma violenta no Recife o jovem sacerdote Antônio Henrique Pereira Neto, de apenas 28 anos, que desenvolvia um trabalho de assistência à juventude, sob a orientação do arcebispo dom Helder Câmara. Esse assassinato – nunca esclarecido, embora tenham surgido muitos indícios de que o crime foi cometido pelo aparato policial – constituiu-se numa forma de intimidar e procurar frear o trabalho social realizado por dom Helder, a quem o regime na época acusava de comunista e inimigo dos militares. Já há algum tempo, inclusive, ele próprio vinha recebendo constantes ameaças de morte (Rocha, 1999).

Situação idêntica vivia dom Pedro Casaldáliga, bispo de São Félix do Araguaia, no estado de Mato Grosso. Ameaçado publicamente de morte por proprietários da região, na década de 1970, foi alvo de cinco processos de expulsão do Brasil, porém, a intervenção direta do papa Paulo VI impediu sua saída do país. O ano de 1976 foi especialmente difícil para Casaldáliga, que perdeu o amigo e missionário salesiano Rodolfo Lunkenbein, de 37 anos, que atuava na prelazia da cidade de Guiratinga, assassinado por um grupo de fazendeiros em razão do trabalho que desenvolvia pela demarcação das terras dos índios Bororo. Poucas semanas após este assassinato, realizou-se o encontro indigenista anual, promovido pela prelazia de São Félix do Araguaia, sob a coordenação de dom Pedro. Na ocasião, foram convidados alguns missionários das prelazias vizinhas, entre eles o sacerdote João Bosco Penido Burnier. Encerrado o encontro, que transcorreu sem nenhum incidente, dom Pedro convidou o sacerdote João Bosco para juntos irem visitar alguns povoados da prelazia. Nessa viagem, ao chegar a um pequeno povoado, encontraram a população em pânico, desesperada por causa da violência empregada pela polícia para descobrir o responsável pela morte de um dos seus agentes. A pedido das famílias locais, dom Pedro e o sacerdote João Bosco decidiram ir à delegacia, pressionar para que cessassem aqueles atos de violência. No entanto, quando lá chegaram, foram recebidos com ameaças e insultos. O sacerdote João Bosco reagiu a tantos insultos e ameaças, informando que iria denunciá-los ao governo. Nesse momento, um policial avançou até João Bosco, deu-lhe um soco e depois lhe disparou um tiro na cabeça. Dom Pedro retirou-se da delegacia com o amigo ferido, à procura de socorro, no entanto, só havia hospitais em cidades distantes, o que exigia uma longa viagem. Só no dia seguinte foi possível conseguir um avião para transportar o sacerdote, que faleceu poucas horas após chegar ao hospital (Escribano, 2000).

Os livros de Bruneau (1974) e Scott (1989) exploram bastante todo o processo institucional de como a Igreja transformou sua posição em relação ao regime militar. Scott, inclusive, constata que, em grande parte dos países da América Latina onde as ditaduras militares se estabeleceram, o clero progressista não conseguiu o apoio dos setores moderados e conservadores no interior da própria instituição. No Brasil, entretanto, quer pela habilidade do clero progressista ou pela forma autoritária e repressora como o regime passou a tratar indiscriminadamente padres, bispos e freiras, a Igreja, enquanto instituição, iria lentamente retirar todo o apoio ao regime, o que definitivamente se materializaria a partir de 1970 (Scott, 1989). Diante desse quadro de disputa e acirramento nas relações entre Igreja e Estado, ou mais propriamente entre a Igreja e o regime civil-militar que se instalou em 1964, meu interesse está voltado também para estudar alguns deslocamentos na posição política da Igreja, principalmente a partir do final da década de 1960.

Conforme assinalei no início, analisarei algumas memórias reconstruídas por padres imigrantes, nas suas relações com as comunidades rurais e seus trabalhadores. O interesse pelo estudo da memória desses padres decorre, em parte, do fato de que eles emigraram para o Brasil a partir de uma convocação papal no sentido de combater o comunismo; com o passar dos anos, todavia, uma parcela passou a ser perseguida como comunista. Quando iniciei a pesquisa com as memórias desses sacerdotes, esse fato era um dos pontos centrais que desejava estudar. Mas havia outras questões associadas, que se relacionavam sobretudo ao presente. Estava ainda interessado em investigar por que os camponeses, em 1964, não reagiram ao golpe, embora alguns acreditassem que eles não aceitariam passivamente qualquer medida dessa ordem. Mas o golpe ocorreu, e nenhum tipo de reação ampla foi esboçado naquele momento. No entanto, a partir da organização do MST, embora venham sendo assassinados às centenas, o movimento de resistência e luta pela terra parece não recuar (Iokoi, 1996). Nesse sentido, passei a documentar, através de entrevistas de história de vida, a forma de atuação desses padres no trabalho cotidiano com trabalhadores e trabalhadoras rurais. Alguns sinais revelam uma certa influência deles na mudança de comportamento dos trabalhadores rurais nas décadas recentes.

À medida que passei a estudar a atuação dos padres católicos nas décadas de 1950 e 1960 no Nordeste do Brasil, a documentação oral e escrita revelou outras trilhas através das quais foi sendo criada, naquele período, uma verdadeira cruzada contra o comunismo, que unia as classes médias e as elites econômicas e políticas do Brasil, associadas à política externa americana, à Igreja Católica e ao aparato militar.

Logo, antes de tomar como objeto de análise fragmentos das memórias desses padres, procurarei situar alguns elementos da conjuntura política nacional e aspectos da estratégia norte-americana em relação ao Brasil entre o final da década de 1950 e a década de 1960. Observa-se como se estabeleceu uma ampla aliança entre as elites econômicas e políticas e como elas buscaram o apoio do governo dos Estados Unidos e da Igreja Católica, para fazer face à possível comunização do Brasil.

A Igreja Católica e a conjuntura mundial

Analisar a história política, econômica e cultural, entre o fim da década de 1950 e a década de 1960, remete, entre outros caminhos, à problemática da Guerra Fria. O mundo estava dividido em dois blocos, no entanto, essa dualidade excludente não se resumia apenas ao plano político e econômico, mas permeava também as formas de pensar, de sentir e de agir – o universo da cultura. Estava-se a favor ou contra um dos dois modelos. E, nas diversas relações em sociedade, esse padrão encontrava-se muitas e muitas vezes presente. O difícil, ou praticamente impossível, era estabelecer uma terceira via (Lukács, 1966).

Entretanto, se esse foi um modelo que se estabeleceu e se ampliou após a Segunda Guerra Mundial, tendo os Estados Unidos da América e a União das Repúblicas Socialistas Soviéticas como símbolos, respectivamente, do mundo capitalista e do mundo comunista, em relação à América Latina a ascensão de Fidel Castro em Cuba acirraria ainda mais as disputas nesse cenário (Anderson, 1997).

A partir da interrupção do diálogo entre os Estados Unidos e Cuba, e da opção deste país pelo regime comunista, o temor de que os demais países latino-americanos seguissem a mesma orientação tornou-se uma preocupação central da política externa americana. Em relação ao Brasil, todo esse cenário adquiriu dimensões ainda mais alarmantes na medida em que a Embaixada dos Estados Unidos, o jornal *The New York Times* e a National Broadcasting Company descobriram o marxista Francisco Julião e o movimento das Ligas Camponesas (Robock, 1963).

A necessidade de rever a política externa norte-americana em relação à América Latina vinha sendo alvo de preocupações desde as primeiras medidas de nacionalização de companhias americanas no final da década de 1950. Por outro lado, a viagem de Nixon – então vice-presidente de Eisenhower e futuro candidato à sucessão em 1960 – a diversos países da América Latina deixou alarmados muitos empresários americanos. As manifestações antiamericanas em vários países visitados por Nixon eram mais um indicador da necessidade urgente de rever essa política. Para alguns setores, começava a colocar-se a necessidade de a política norte-americana não se preocupar apenas com a garantia da remessa dos lucros de suas empresas. Era necessário pensar também sobre as condições em que viviam as populações que nelas trabalhavam (Selser, 1964).

No entanto, a postura marcante da política externa dos Estados Unidos em relação à América Latina era a de que o governo americano já prestava suficiente ajuda. O que deveria ser tentado era atrair o competitivo capital privado para realizar novos investimentos. Por outro lado, havia também, por parte do governo Eisenhower, uma preocupação em tornar a Organização dos Estados Americanos um órgão mais atuante (Rogers, 1967).

Porém, não eram apenas os Estados Unidos que passavam a pensar e planejar novas formas de relação com a América Latina em face do fantasma comunista. Também a Igreja Católica receava que o avanço comunista, sobretudo a pregação marxista de que "a religião é o ópio do povo", fizesse com que ela perdesse definitivamente a hegemonia no continente.

No final da década de 1950, mais propriamente em 1957, o papa Pio XII já convocava os padres europeus, por intermédio da encíclica *Fidei Donum*, a ajudar os países africanos. Havia, por parte do papa, um grande receio de que, em face do reduzido número de padres naquele continente, ele fosse subsumido pelo comunismo. Esse movimento em relação à África estendeu-se a outros continentes. O papa João XXIII, que sucedeu Pio XII em 1958, reforçou o convite à colaboração do clero de alguns países em que ele existia em número significativo, tendo em vista a necessidade de socorrer a Igreja da América Latina, numa cruzada contra o comunismo, o protestantismo e o espiritismo.

Alguns padres que emigraram para o Brasil nesse período atenderam a essa convocação papal. No entanto, a Igreja Católica no Brasil sempre se ressentiu da falta de padres. Nesse sentido, a presença de sacerdotes de outros países para auxiliar o clero brasileiro é uma constante na história da Igreja do Brasil. Tomando como referência os anos de 1964, 1970 e 1980, pode-se ter uma pequena amostra da presença significativa de padres imigrantes no clero do Brasil.

Tabela 2
Composição do clero brasileiro

Padres segundo a origem	1964		1970		1980	
	Número	%	Número	%	Número	%
Total	**12.589**	**100,0**	**13.092**	**100,0**	**12.688**	**100,0**
Brasileiros	7.263	57,7	7.654	58,5	7.653	60,3
Imigrantes	5.326	42,3	5.438	41,5	5.035	39,7

Fonte: Centro de Estatísticas Religiosas e Investigações Sociais (Ceris).

A propósito dessa prática, padre Jaime de Boer afirma: "Hoje sou de opinião que a importação de padres para o Brasil só prejudica a Igreja, pois termina por adiar a necessidade de ela resolver seus próprios problemas."[3] Reconhece, assim, como a vinda desses padres para o Brasil adia ou dificulta o enfrentamento dos problemas da estrutura da Igreja Católica no país. Por outro lado, por fazer parte dela, Jaime talvez não tenha a compreensão de que a Igreja Católica é uma instituição imperial, em que muitos dos seus membros dirigentes avaliam que os problemas religiosos e eclesiásticos em outros países se devem ao atraso civilizatório dos povos e culturas fora do mundo europeu e americano do norte. Logo, em outra perspectiva, a imigração pode ser lida como um pilar dessa política mundial da Igreja Católica.

NORDESTE: ALÉM DAS FRONTEIRAS GEOGRÁFICAS

A constante preocupação com o perigo do avanço comunista no Nordeste, presente tanto na classe dominante regional como na do resto do país, na Igreja Católica e também no governo dos Estados Unidos, foi sendo construída através de muitos elementos.

Em 1946, quando Josué de Castro publicou *Geografia da fome*, tornando público o debate da fome em vários continentes, apresentou com muitos detalhes o problema do Nordeste, principalmente na zona da mata e no sertão. Na literatura, vários livros também revelaram o drama vivido por muitos nordestinos, entre eles, os clássicos *A bagaceira* (1928), de José Américo, e *Vidas secas* (1938), de Graciliano Ramos. Na década de 1950, o poeta João Cabral de Melo Neto escreveu diversos poemas que retratam as condições de vida do trabalhador da cana, bem como as do sertanejo. No livro *Dois parlamentos*, representou Pernambuco através dos poemas "Congresso no polígono das secas" e "Festa na casa-grande".

A enorme pobreza da região e a ausência de projetos que revertessem esse quadro passaram a ser consideradas como causas preponderantes do agravamento do cenário, principalmente pelo governo dos Estados Unidos. As condições de vida e trabalho dos setores populares do Nordeste começaram a ser vistas – principalmente após o êxito da Revolução Cubana – como um fator que favorecia o avanço comunista. Associava-se a esse quadro a crescente organização dos trabalhadores rurais através das Ligas Camponesas (Azevedo, 1982).

Após a posse do presidente Kennedy, em 1962, prevaleceria uma orientação de política externa para a América Latina centrada na perspectiva de que a melhor estratégia de combate ao comunismo era realizar reformas que retirassem da extrema pobreza essa população. Logo após sua posse, em março de 1962, Kennedy convidou os embaixadores latino-americanos para uma cerimônia na Casa Branca e apresentou as linhas gerais do que viria a ser a Aliança para o Progresso. Em agosto desse mesmo ano, realizou-se em Punta del Este um encontro do governo dos Estados Unidos com representantes de todos os países latino-americanos para a apresentação, discussão e assinatura desse programa. A única voz discordante e crítica à Aliança foi a do representante de Cuba, Che Guevara, para quem o objetivo do citado programa era enfraquecer a liderança de Cuba no continente.

No entanto, um mês após esse encontro, ocorreria a tentativa fracassada de invasão de Cuba através da Baía dos Porcos, com o apoio da CIA. Alguns críticos passaram a argumentar que a Aliança para o Progresso e a CIA trabalhavam em conjunto (Levinson; Onís, 1970). No final da década de 1970, o problema da ameaça comunista no continente latino-americano não seria mais considerado relevante, e o programa passaria a ser lentamente desativado.

Para alguns autores, a Aliança para o Progresso resultou num grande fracasso, em parte por ter sido o projeto desenvolvido em parceria com as elites econômicas e políticas da América Latina, que não estavam dispostas a realizar espontaneamente qualquer reforma social, política, cultural ou econômica (Roett, 1972). Entretanto, se esse aspecto fica de certa maneira subentendido em livros como os de Levinson e Onís (1970), Page (1972) ou mesmo Rogers (1967), uma outra dimensão é a forma como ele contribuiu para fortalecer o poder das elites tradicionais, como analisa Roett (1972).

Pensar o Brasil e a América Latina na década de 1960, no contexto da Guerra Fria e no pós-Revolução Cubana, é reconstruir um tempo em que a possibilidade do domínio comunista tornava-se uma grande ameaça, principalmente para sociedades em que as desigualdades sociais constituíam-se numa marca dominante. Para alguns setores da política externa americana, a sociedade latino-americana era exemplo da falta de competência das elites em se modernizarem, como fizeram os Estados Unidos. Urgia realizar reformas, pois a propaganda comunista trabalhava a partir da insatisfação popular (Rogers, 1967).

Deve-se destacar ainda, como forma de intervenção dos Estados Unidos no contexto da Guerra Fria, a estratégia de disputar o controle político por meio da criação do Instituto Brasileiro de Ação Democrática (Ibad), em 1959. Com o objetivo de defender a democracia, estabeleceu vínculos com políticos, jornalistas, militares, estudantes e grupos de operários. Em 1962, o Ibad criou duas subsidiárias: a Ação Democrática Popular (Adep), que atendia às campanhas eleitorais, e a Incrementadora de Vendas Promotion, que atuava como agência de publicidade dos candidatos. O Ibad e a Adep ganharam notoriedade quando, em 1962, financiaram a campanha de 250 deputados federais, 15 senadores, 600 deputados estaduais, 8 candidatos a governador e um número indefinido de candidatos a prefeitos. Foram gastos, para financiar essas campanhas, 5 bilhões de cruzeiros, o equivalente a 12,5 milhões de dólares. Esse fato, denunciado pela oposição, transformou-se num grande escândalo, sendo então criada uma Comissão de Inquérito, em 1963, cujos trabalhos foram interrompidos com o golpe de 1964 (Black, 1977).

Um primeiro movimento de reflexão sobre todo esse conjunto de práticas históricas tão marcantes naquele período é procurar desnaturalizar esse processo. Em outros termos, analisar o que faz uma nação e uma instituição decidirem que podem intervir na história, na vida, nas disputas internas de outras sociedades.

Entretanto, há de se pensar que os EUA só intervieram por meio da Aliança para o Progresso, do Ibad e da CIA no continente latino-americano e no Brasil, assim como a própria Igreja, porque seus planos foram negociados e atendiam aos interesses de parcela significativa da classe dominante e da classe política. Os valores, os princípios, as visões de mundo de uma parte da elite brasileira foram inteiramente subsumidos pelo modelo projetado pelos EUA e pela Igreja. Cuba foi a única nação a romper com esse alinhamento; talvez porque já houvesse aderido ao bloco comunista tinha força para manter essa posição.

Assim, a forma de relação que os Estados Unidos e a Igreja Católica estabeleceram com o Brasil nesse período, embora possa ter um caráter de intervenção na disputa política que então se desenhava, foi resultado, sobretudo, de uma negociação política entre eles e os setores que detinham maior controle econômico e político no país. Por outro lado, descobre-se uma visão, por parte do governo dos Estados Unidos, bem como da Igreja Católica, de que era natural, ou mesmo um direito, eles intervirem em outros países. Duas observações de fontes inteiramente distintas ajudam a apreender o imaginário que predominava e que, de certa forma, oferecia suporte a ações e programas como a Aliança para o Progresso, o Ibad e a CIA, bem como à Igreja Católica. Victor Marchetti e John Marks, em seu livro *The CIA and the Cult of Intelligence* (1974: XIX), registram: "Nos altos escalões da comunidade de inteligência não existia nenhuma percepção de que intervir em outros países não era um direito inerente aos Estados Unidos." Dessa forma, muitos países eram considerados pelo governo dos Estados Unidos como incapazes de administrar sua própria história ou de ter o direito de realizar opções políticas, econômicas, culturais que rompiam com o modelo imposto pelos países ricos. Os princípios de superioridade social, cultural e econômica que, em última instância, informavam as práticas do imperialismo tão caro à Inglaterra, à Alemanha, à França, entre o final do século XIX e o início do século XX, passaram a ser adotados amplamente pelo governo americano à medida que a Guerra Fria recrudescia (Hobsbawm, 1995).

Apesar de toda a pressão política e econômica de que o Brasil, a América Latina e mesmo outros continentes eram alvo naquele período, ocorreram tentativas do governo brasileiro de construir uma terceira via, que caminhasse independente de uma filiação automática a um dos blocos. Juscelino Kubitschek defendia uma via autônoma para a América Latina, e mesmo Jânio tinha, de alguma forma, também sinalizado nessa direção. Contudo, para a consolidação dessa política, era necessário, além do suporte interno dos grupos dominantes, econômicos e políticos, o apoio de uma parcela dos demais países latino-americanos. Entretanto, a classe dominante vinha crescentemente tendo uma enorme dependência econômica dos EUA; e o mesmo também se dava em relação a uma parte da classe política. Desde o final da década de 1950, muitos deputados estaduais, federais e governadores recebiam dinheiro dos Estados Unidos para suas campanhas (Storrs, 1973).

O apoio dos Estados Unidos foi mais uma referência de sustentação para os setores que lideraram o golpe militar de 1964. Também a Igreja, enquanto instituição, esteve ao lado do golpe e, de certa forma, a ala mais progressista foi afastada das posições de direção na CNBB (Scott, 1989).

Entretanto, mesmo oficialmente prevalecendo por parte da Igreja uma orientação institucional de apoio ao golpe, havia um trabalho cotidiano junto às populações rurais e urbanas que transcendia as posições oficiais. Por outro lado, como já assinalei no terceiro capítulo, a Igreja Católica, no Nordeste, desde o final da década de 1950 entrara na disputa com as Ligas Camponesas e o Partido Comunista pela hegemonia na orientação dos sindicatos rurais.

Foi nesse quadro complexo que lentamente se desenvolveu no meio rural – e também no urbano – um esforço religioso de construção da cidadania por meio do trabalho cotidiano de muitos padres. Privilegiei aqueles vindos de outros países porque eles viveram uma experiência histórica singular. Foram enviados oficialmente para combater o comunismo, no entanto, o trabalho missionário que muitos realizavam passou a ser considerado subversivo e, por extensão, vários seriam acusados e perseguidos como comunistas.

A identificação deles com os trabalhadores rurais e suas lutas por melhores condições de vida e trabalho poderia, em parte, ser associada ao fato de que aceitaram muitas vezes trabalhar em dioceses em que prevalecia uma orientação religiosa de compromisso com as camadas populares. Entretanto, há de se reconhecer sua abertura em assumir a linha de trabalho definida, quando necessariamente não possuíam aquela visão eclesiástica.

As experiências do padre José Servat e de dom Xavier Maupeou ilustram claramente essa dualidade. Servat veio a convite de dom Helder, com quem tivera um primeiro encontro em Roma, durante o Concílio Vaticano II, oportunidade em que o arcebispo lhe passara um texto que, em linhas gerais, afirmava: "Quero o despertar e a atuação do laicato cristão no momento histórico em que vive o Nordeste, ou seja, uma presença da Igreja não somente do tipo sindical, mas acompanhando, através do Evangelho, as pessoas engajadas nas diversas lutas para a transformação da sociedade."[4] Dessa forma, Servat, ao aceitar o convite, tinha a dimensão do seu papel, da função que exerceria. Então, a partir de sua chegada, passou a organizar um amplo movimento de mobilização, realizando um trabalho de conscientização dos trabalhadores rurais, não só em Pernambuco como em outros estados do Nordeste. Em sua entrevista, ao rememorar o movimento da Ação Católica Rural (ACR) observa:

> O movimento da ACR desenvolveu-se de maneira rápida, o que correspondia a minha esperança. Mesmo começando a trabalhar com a ACR em 1965, já em dezembro de 66 fizemos o primeiro encontro do Nordeste. Com a ajuda de alguns padres franceses e de amigos brasileiros que participavam de movimentos de jovens, da catequese e de outras atividades no meio rural, reunimos pessoas do Maranhão, Piauí, Paraíba, Rio Grande do Norte, Ceará e Pernambuco. Esse primeiro encontro foi realizado numa casa dirigida pelos padres jesuítas em Piedade. Os três dias de amizade e trabalho foram o ponto de partida para que uma equipe regional começasse a se desenvolver. Deus abençoou a nossa perseverança. Descobri que não estava mais sozinho e que brasileiros queriam assumir a missão de

evangelização do meio rural. De 1966, data do primeiro encontro, até 1984, fizemos grandes encontros anuais. Sonhávamos em fazer uma ACR realmente nacional, atuando em todos os estados de norte a sul. Conseguimos atingir o Nordeste, o Pará e Minas Gerais, e algumas vezes apareceram pessoas do Rio de Janeiro, São Paulo e Rio Grande do Sul.

Por outro lado, a diocese de Olinda e Recife, com a chegada de dom Helder em março de 1964, passava a assistir a lentas mudanças. Ele encontrou na diocese uma importante atuação da Igreja junto aos movimentos sociais rurais de Pernambuco, por meio do Sorpe, coordenado pelo padre Enes Paulo Crespo. No entanto, por querer alguém de sua confiança à frente do trabalho no meio rural ou, talvez, por já ter informações de que o Sorpe era financiado pela CIA – como depois se tornou público, por meio do livro *A revolução que nunca houve*, do autor americano Joseph A. Page –, dom Helder, mesmo sem jamais entrar publicamente em rota de colisão com o Sorpe, teve efetivamente o padre José Servat como parceiro no trabalho da Igreja junto ao movimento sindical rural.

Inteiramente diversa foi a história vivenciada por dom Xavier ao chegar ao Maranhão, em 1963, e ter seu primeiro encontro com o bispo auxiliar, dom Fragoso, já relatado na introdução do capítulo "Arquiteto da memória". Dom Fragoso declarou seu desapontamento com o fato de ter recebido um padre que não atendia às necessidades da diocese, e desqualificou seu saber, sua formação, ao dizer que um grupo de jovens trabalhadoras lhe ensinaria "sua tarefa sacerdotal, sua profissão de padre". O impacto desse primeiro encontro ficou intensamente marcado na sua memória, e ao revisitar e reavaliar aquele momento, dom Xavier afirma: "Foi um choque para mim o bispo me dar como mestres as jovens trabalhadoras da periferia."[5]

No entanto, em outros casos relatados, poder-se-ia apontar a própria origem social desses padres como um elemento que contribuiu para uma relação de compromisso com os trabalhadores rurais. Diferente de Servat, filho de um funcionário público, e de Xavier, filho de um militar que chegou a tenente-coronel, Jaime de Boer era filho de um pescador e

Lambertus Bogaard, de um sapateiro – ambos padres holandeses, também entrevistados. Como vinham de famílias da classe trabalhadora, esse seria mais um fator que, do meu ponto de vista, favoreceu uma maior aproximação com os trabalhadores. Por outro lado, o fato de não terem qualquer relação de parentesco com os grupos econômicos e políticos locais lhes deu maior autonomia para o trabalho junto às camadas populares.

Reconstruindo trilhas de memórias

O trabalho de realizar entrevistas de história de vida com padres que emigraram para o Brasil possibilitou reconstruir práticas, impasses, conflitos vividos através desse tortuoso processo de relembrança. Conhecer também alguns fragmentos dos tempos anteriores à chegada ao Brasil permitiu compreender algumas dimensões histórico-culturais em que eles foram formados. Mas, sobretudo, tornou possível construir outros referenciais documentais, pois a historiografia que estuda a resistência da Igreja ao regime militar tem centrado primordialmente seu foco de análise nos discursos e ações de bispos ou em acontecimentos exemplares que envolveram padres. Nesse sentido, a pesquisa tentou recuperar as práticas ordinárias e, portanto, quase invisíveis, que normalmente não deixam vestígios escritos, mas apenas traços de memória.

As histórias de vida em que centrei minha análise foram as dos padres Jaime de Boer, holandês, José Servat e Xavier Gilles de Maupeou d'Ableiges, franceses. Neste capítulo, privilegiarei uma passagem da história de vida de dom Xavier, para analisar a complexidade e a amplitude que o trabalho missionário junto às camadas populares alcançava.

Relata dom Xavier que, nos seus primeiros anos como padre no Maranhão, passava várias semanas em viagens pelo interior do estado, nas quais andava muito a pé e a cavalo, para realizar desobrigas em diversas comunidades. Após algum tempo nesse trabalho missionário, a experiência acumulada e muitas reflexões levaram-no a introduzir mudanças na "metodologia de evangelização das comunidades". A missa passara a ser em português e, após a celebração, eram realizadas reuniões em que se discutia o evangelho. Nas avaliações, ao final, todos eram unânimes em aprovar essa prática. Dessa maneira, o grupo adquiria autonomia e era introduzido o culto sem o padre, já que este não podia ser uma presença constante. Ao recordar uma desobriga que realizou na cidade de Santo Amaro, Xavier reconstrói em seu relato o diálogo que então se estabelecia para romper com as resistências:

> "Ah, a gente não sabe...". "Sabe, sim...Vamos fazer o seguinte: vamos fundar um conselho de comunidade. E, ao mesmo tempo, vamos começar cantando nossos cânticos." Passávamos uma, duas, três horas ensaiando várias vezes. Depois pegava um trecho do evangelho e mandava ler: "Leia." Nessa hora era uma luta encontrar alguém que soubesse ler. Aí começavam. Eu dizia: "Ler desse jeito, não dá, vamos reler...". Dez vezes a mesma pessoa. Depois perguntava: "O que você está entendendo?". A pessoa dizia: "Ah, não, nada." "Mas como você não está entendendo nada? Releia." Pelo cansaço, a pessoa acabava dizendo: "Bom, entendi que Jesus desceu da montanha." Então o outro tomava e dizia: "Ele também disse que a gente devia amar uns aos outros." Muitas vezes surgiam comentários que não tinham nada a ver com o evangelho, mas o importante era que o povo tinha falado. Era um processo lento e demorado. No final, dizíamos ao povo: "Vamos chamar essa reunião de culto, porque não tem missa. No próximo domingo vocês vão fazer sozinhos, do jeito que fizemos hoje, Quando for na quinta vez, vocês se reúnem e preparam o culto do domingo. Deu para entender?". "Deu." Esse processo demorou muito, mas era apaixonante. Nós tínhamos amizade com o povo.

Essa descrição revela uma prática de múltiplos significados. Aponta para um fazer pedagógico, de exercitar junto aos atores sociais que, apesar de adultos, em sua maioria não tiveram a escola para lhes ensinar os rudimentos da alfabetização. E o padre, partindo das condições apresentadas pelo grupo, trabalha lenta e pacientemente para que aprendam a caminhar com suas próprias forças. Um alfabetizar associado ao aprendizado da cidadania, que se constrói pela descoberta da fala na leitura e discussão do evangelho. Através deste, o pensar e a reflexão vão sendo exercitados e, na troca, amplia-se o universo de compreensão, de formas de ser e, por extensão, de agir. Nessa perspectiva, um dia Xavier foi surpreendido por um comportamento desse grupo, que não podia deixar de associar a essa prática que juntos vinham realizando.

 Poucos meses depois dessa desobriga, teve início o problema da terra nessa comunidade. O "proprietário" entre aspas, pois não são proprietários, mas ladrões, porque nesse tempo já roubavam as terras, foi falar com o delegado e pedir providências para expulsar dois moradores das suas terras. Como era costume, o delegado enviou um bilhetinho aos moradores, dizendo: "Venham falar comigo na delegacia." Nessas situações, normalmente o trabalhador vinha, e o delegado comunicava que tinha duas horas para sair da terra. Mas dessa vez foi diferente. Eles receberam o bilhete do delegado e o leram como liam a Bíblia. Leram, discutiram e decidiram que não iriam apenas os dois, mas toda a comunidade. Vestiram-se e vieram todos com os sapatos nas mãos. Na hora marcada, estavam em frente da casa paroquial, pois a delegacia era vizinha. Eu não estava sabendo de nada. Quando vi esse povo todo, fui saber do que se tratava. Eles então me explicaram. Eu pensei: "Nossa Senhora de Fátima, vai começar a confusão." Nós nunca tínhamos, em nossas reuniões, tratado explicitamente de assunto de terra, mas de toda a vida. Teve, então, início dentro da delegacia a reunião com o delegado. Ele exigiu a presença apenas dos dois. Que o restante esperasse na rua. Houve um diálogo fantástico com o delegado: "Vocês vão sair da terra." Eles, então, interrogaram: "Mas, senhor delegado, com todo o respeito, por quê?". Era a primeira vez na história do município de Urbano Santos que um lavrador dialogava com uma autoridade e não apenas ouvia calado e respondia "sim, senhor". Poderia dizer que essa é uma caminhada própria do processo de formação de uma Comunidade Eclesial de Base.

Esse breve relato descritivo de memória traz à tona uma prática que é social. Outros padres, em diversas partes do Brasil, principalmente a partir do Concílio Vaticano II, vinham, à sua maneira, reformulando o fazer eclesiástico. Nas histórias de vida de Jaime de Boer, Lambertus Bogaard e José Servat, experiências semelhantes foram relatadas. O evangelho se transformava em material para reflexão, mobilização e mudança no comportamento social dessas pessoas e grupos. Reaprendiam através do evangelho o direito e o poder da fala. A reflexão bíblica desenvolvia a capacidade de argumentação e o apoio do padre lhes dava o suporte para instituir discursos e práticas de construção da cidadania. Alguns padres desenvolviam, por meio do evangelho, um trabalho de reflexão, discussão, análise e mobilização que os sindicatos e os partidos nesse período ainda se encontravam bastante cerceados para realizar.

Notas

[1] A duas quadras de onde resido, fica localizada a sede regional do Incra, onde frequentemente o MST promove acampamentos, para pressionar o governo a cumprir promessas constantemente adiadas.

[2] Em 1997, o Núcleo de Apoio às Viúvas de Trabalhadores Rurais Assassinados em Conflitos de Terra, do Mestrado em Políticas Públicas da Universidade Federal do Maranhão, publicou a *Coleção Célia Maria Corrêa: Direito e Campesinato*, em 5 volumes. Organizada por Maristela de Paula Andrade, essa coleção resultou de entrevistas realizadas com viúvas de trabalhadores rurais assassinados no Maranhão. Esse processo de documentação foi desenvolvido em conjunto com um trabalho junto a essas viúvas no sentido de organizá-las na luta pelos seus direitos e na resistência contra grileiros e todos os que continuavam tentando expulsar as famílias de trabalhadores das suas terras.

[3] Entrevista realizada com o padre Jaime de Boer, no período de setembro a outubro de 1997, para o projeto *Guerreiros do Além-Mar*.

[4] Entrevista com o padre José Servat, realizada no período 2 a 23 de outubro de 1997, para o projeto *Guerreiros do Além-Mar*.

[5] Entrevista com o bispo dom Xavier Gilles de Maupeou d'Ableiges, realizada no período de 1º a 5 de fevereiro de 1998, para o projeto *Guerreiros do Além-Mar*. Esta entrevista é a fonte das demais citações de dom Xavier incluídas neste capítulo.

LABIRINTOS DO MEDO:
O COMUNISMO (1950-1964)

Há alguns anos venho me debruçando acerca da História do Brasil nas décadas de 1950-1960, privilegiando a problemática das lutas sociais e políticas no Nordeste. Pesquisei inicialmente acerca do papel dos padres que emigraram da Europa e dos Estados Unidos para o Brasil, convocados pela encíclica *Fidei Donum*. Vieram com a missão precípua de combater o comunismo, o espiritismo e o protestantismo, contudo, após o golpe de 1964, uma parcela deles começou a ser perseguida pelo regime militar como comunista. Realizei entrevistas de história de vida com alguns desses padres e pesquisei amplamente nos jornais da época acerca dos embates entre Estado e Igreja no período. Os relatos desses padres, bem como uma parte da historiografia (Riolando Azzi, Frei Betto, Clodovis Boff, Leonardo Boff, Thomas Bruneau, Eduardo Hoornaert, Scott Mainwaring, Emmanuel de Kadt, Márcio Moreira Alves, Michael Löwy, Kenneth Serbin), revelavam como esses religiosos eram muitas vezes submetidos a uma rígida autoridade dos bispos.

Eram estes que decidiam quase sempre se os padres da sua diocese poderiam ter ou não uma maior atuação social e um engajamento nas lutas pela cidadania. As diretrizes religiosas, aprovadas no Concílio Vaticano II e, posteriormente, nas conferências de Medellín e Puebla, que apontavam para uma abertura da Igreja para o social, não significavam o seu cumprimento automático. A recepção desses documentos pelas dioceses do Brasil era alvo de diversas mediações, e alguns de seus aspectos eram até ignorados (Löwy, 2000). Em face dessa constatação, voltei-me para uma pesquisa mais específica sobre a atuação dos bispos e desenvolvi o projeto *Caminhos da Resistência Católica: ação de freiras e bispos do Nordeste durante o regime militar.*

Os resultados obtidos através dessa pesquisa remeteram-me a outro patamar de questões e forneceram-me elementos para analisar de forma mais detalhada a tensa disputa que se estabeleceu entre a Igreja e as Ligas Camponesas, sobretudo quando estas adquiriram uma nova força e visibilidade social e política a partir de 1955, sob a liderança do deputado socialista Francisco Julião. Como decorrência de todo esse conjunto de novos horizontes/problemas, propus, em 2003, o projeto *Memórias da Terra: a Igreja Católica, as Ligas Camponesas e as esquerdas (1950-1970).* As entrevistas realizadas com ex-líderes das Ligas Camponesas e a leitura de uma farta documentação, tanto nos jornais do período como nos arquivos do Dops, revelaram uma acirrada disputa pela hegemonia na direção política dos movimentos sociais rurais.

Em razão dessas pesquisas e dos textos delas decorrentes, surgiram outras trilhas, que foram apontando novas questões; principalmente a partir dos debates recentes da historiografia, assim como da pesquisa com a documentação do Dops, depositada no Arquivo Público Estadual de Pernambuco, além de outros documentos e também do estudo da imprensa do período. A leitura e a reflexão acerca desse material é que me levaram ao presente capítulo: "Labirintos do medo: o comunismo (1950-1964)".

A partir dos encontros, seminários, congressos realizados em 2004, como marco simbólico dos quarenta anos do golpe de 1964, foram publicados alguns livros que de certa forma atualizam o debate acerca desse período. Entre eles, destaco *O golpe e a ditadura militar, 40 anos depois* – organizado por Daniel Aarão, Marcelo Ridente e Rodrigo Patto –, que resultou dos textos apresentados em seminários realizados em Belo Horizonte, São Paulo e Rio de Janeiro. A primeira parte do livro, intitulada "História e memória", apresenta um estudo detalhado das variações de que o tema do golpe de 1964 foi alvo ao longo desses últimos quarenta anos, quer em razão de diferentes enfoques políticos, quer em face de questões propriamente metodológicas. Nesse sentido, o texto da historiadora Lucília Neves é bastante esclarecedor, realizando um mapeamento detalhado das obras e tendências que os estudos pré-golpe e pós-golpe de 1964 apontam. O historiador Daniel Aarão também desenvolve uma reflexão em torno da temática da história e memória e as batalhas que são travadas, analisando com muita propriedade como os vitoriosos do campo de batalha podem se tornar os derrotados na memória da sociedade; ou, ainda, como muitas vezes os estudos históricos são abstraídos do seu contexto e utilizados em construções narrativas acerca do passado, resultando em interpretações descoladas da realidade histórica como um todo.

Outro livro que merece referência, também resultado de um simpósio ocorrido em 2004,[1] é *O golpe de 1964 e o regime militar: novas perspectivas*. Entre as questões tratadas nos diversos textos, chamou-me especial atenção a análise do anticomunismo desenvolvida pelo historiador Rodrigo Patto Motta. No seu livro *Em guarda contra o perigo vermelho*, ele já havia apontado em detalhes como o anticomunismo foi sendo urdido em diferentes períodos da história do Brasil. O autor observa em suas análises como o golpe de 1964 foi em essência um movimento reativo insuflado pelo medo e a insegurança que invadiram parcelas significativas da sociedade brasileira.

Lentamente, o tema do medo como objeto de estudo, relacionado ao período do golpe de 1964, parece interessar aos historiadores. A historiadora Marieta de Morais Ferreira, na introdução do livro *João Goulart: entre a memória e a história*, também aponta para o medo como uma experiência histórica de significativa relevância no estudo do período. Nesse sentido observa:

Muitos daqueles que escreveram sobre o período que antecedeu o golpe de 64 afirmam que não havia uma real possibilidade de implementação de uma revolução de esquerda no Brasil, e que o fantasma do comunismo era um mero pretexto para justificar um golpe militar desejado há muito por setores radicais de direita. Ainda que se reconheça que essa afirmação pode ter uma base de sustentação empírica, a chamada ameaça comunista merece uma análise mais aprofundada. Para isso é importante compreender o papel do medo como aglutinador de tensões e detonador de ações políticas que podem parecer à primeira vista inexplicáveis ou exageradas. (Ferreira, 2006: 25)

A perspectiva revelada pela historiadora indica a necessidade de se estudar uma dimensão histórica muitas vezes difícil de ser pesquisada como objeto de análise, pois não se apresenta de maneira muito explícita na documentação. Sobretudo, porque remete a um sentimento, ou seja, a uma dimensão subjetiva da experiência histórica, que nem sempre é dita ou verbalizada de maneira clara e direta. Entretanto, mesmo em face da dificuldade de o medo se constituir em objeto para a História, alguns historiadores o têm estudado em diferentes períodos.

Nessa linha, duas obras merecem referência. A primeira é *O grande medo de 1789*, de Georges Lefebvre, publicada originalmente em 1932, que de certa forma constituiu-se num aprofundamento das reflexões históricas sobre esse tema durante a Revolução Francesa que já vinham sendo realizadas por outros historiadores franceses, como Jean-Sylvain Bailly, Francisque Mège, Émile Chaudron e Pierre Conard, entre outros. A segunda é *O pecado e o medo*, de Jean Delumeau, outro estudioso do tema do medo. Esse livro, na realidade, constitui apenas uma parte de sua vasta obra, resultado de pesquisas de mais de trinta anos. Estudar esses clássicos da historiografia francesa, de alguma forma, é saber da possibilidade de construirmos também alguns itinerários de pesquisa que contemplem o medo, cientes de que temos um período histórico e um objeto inteiramente distintos, embora próximos, se pensarmos na influência de determinados sentimentos sobre o comportamento de amplos segmentos da sociedade e mesmo dos órgãos oficiais do Estado.

Nas trilhas do medo

A problemática do medo começou também a despertar o meu interesse como objeto de estudo quando verifiquei, notadamente nas matérias publicadas na imprensa, principalmente na década anterior ao golpe de 1964, a sociedade ser constantemente apresentada como se encontrando desgovernada politicamente, ameaçada em suas instituições fundamentais – a família e a propriedade – e em um dos seus princípios básicos – a religião cristã. De algum modo, observa-se como era construída, na e para a sociedade, uma forma de percepção e entendimento de insegurança e medo acerca dos mais diferentes acontecimentos sociais, políticos e econômicos.

No período que antecedeu o golpe civil-militar de 1964, a repetição de discursos que tematizavam a insegurança, o desgoverno, a ausência de autoridade produzia efeitos de verdade e, por extensão, influía de maneira muito própria no comportamento de amplos segmentos da população. O sentimento de insegurança e medo passou a ser associado ao cotidiano de vida das pessoas. Raul Ryff, que foi secretário de imprensa de Jango, em entrevista de 1982, observa:

> A atitude de Jango, a partir de dezembro de 1963, foi um dos fatores, não que motivaram a conspiração, pois ela já existia desde o princípio, mas que deram força e que fizeram muitas pessoas aderir a ela. As últimas atitudes de João Goulart alimentaram os grupos minoritários do golpe, que acabaram se transformando em majoritários. O medo é um fenômeno muito sério. Às vezes um sujeito bom vira cruel pelo medo. Às vezes um sujeito apático fica dinâmico pelo medo. O medo é uma das coisas mais terríveis que existem na humanidade. (Apud Gomes, 2007: 201)

O foco de minha abordagem histórica e metodológica do medo mostra-se fundamentalmente na análise dos discursos e práticas produzidos por diversos setores da sociedade, instituindo a representação de que esta se encontrava em perigo e desgovernada; ou seja, no estudo de como a imprensa, diferentes instituições da sociedade civil, setores da Igreja Católica, entre outras instituições, operavam essa produção.

Observei, por meio de alguns relatórios da polícia, que esta promoveu, em meados da década de 1950, uma grande rede para investigar todo o trabalho de organização dos trabalhadores rurais em Pernambuco, que se encontrava quer sob a influência das Ligas Camponesas, quer sob a influência de diversos membros do Partido Comunista, entre eles Gregório Bezerra. Os detalhados relatórios que os agentes enviavam a seus superiores, informando sobre a situação nos engenhos e nas propriedades onde ocorriam greves e incêndios de canaviais, apontam para uma rica e complexa problemática de luta por melhores condições de vida e trabalho. Essa luta era combatida pela polícia e pelos proprietários, com um discurso de que os trabalhadores, influenciados pelas Ligas e pelos comunistas, estavam rompendo a ordem social, a paz agrária e, portanto, constituindo-se numa grande ameaça à família, à religião e à propriedade.

Os dois cartazes reproduzidos abaixo eram afixados amplamente nos prédios públicos, nos locais de trabalho, nas paradas de ônibus, nas igrejas; essas imagens revelam a estratégia da polícia ao utilizar recursos imagéticos capazes de emitir, mesmo para analfabetos, mensagens que procuravam ressignificar a sociedade justa e igual pregada pelo comunismo.

Nas décadas de 1950 e 1960 os órgãos da polícia criavam um sentimento de medo entre as pessoas comuns. A ilustração representa o regime de trabalho futuro que seria instalado, caso o país se tornasse comunista. Fonte: Arquivo Público Estadual de Pernambuco, Documentação do Dops, 1962.

A cruz católica sendo partida ao meio por duas mãos foi a forma encontrada pelas autoridades policiais para expressar o perigo que ameaçava os católicos. Fonte: Arquivo Público Estadual de Pernambuco, Documentação do Dops, 1962.

Uma leitura possível do primeiro cartaz – em que aparece um homem de corpo volumoso representando um capataz de camisa e gorro vermelhos, chicote na mão e revólver na cintura, em atitude de fiscalização, tendo ao fundo três trabalhadores em dimensões bem menores, caminhando com a enxada nas costas, o corpo e os braços demonstrando resignação – leva a considerá-lo como símbolo de um retorno a uma memória conhecida, a da escravidão. Já o segundo cartaz, em que aparecem duas mãos partindo o corpo de Cristo na cruz, representaria a profanação do maior símbolo da cultura católica. Essas imagens, por si sós, já seriam capazes de emitir signos, independentemente da leitura das palavras, gerando uma curiosidade, e talvez uma impressão desagradável, mesmo entre aquelas pessoas que não fossem capazes de ler a mensagem escrita. Entretanto, talvez fosse comum, para muitos que não sabiam ler, ao se deparar com esses cartazes, ouvir dos colegas alguma expressão como: "Olha o que o comunismo vai trazer."

Por outro lado, é possível também encontrar relatórios policiais acerca de greves nos engenhos de plantação de cana em que elas são apresentadas como sendo resultantes da falta de honestidade dos senhores. Os agentes, ao explicar para seus superiores que a quebra da ordem era em parte responsabilidade dos proprietários, revelam como o discurso das Ligas e das lideranças comunistas, ao desnaturalizar as práticas de exploração, eram capazes de influir no próprio discurso dos agentes policiais. O agente Ranulfo Lins dos Santos (investigador nº 239), em certo trecho de seu relatório ao Comissário Supervisor, em 11 de junho de 1960, depois de registrar os nomes dos líderes dos trabalhadores que organizaram a greve em dois engenhos – Malemba e Pindobal, no município de Paudalho, distante 60 km do Recife – e suas ligações com as Ligas Camponesas, informa:

> Entretanto ao meu ver não era apenas a Liga Camponesa que estava agindo neste engenho, havia um fato mais forte. Entrei em contato com os camponeses e apurei a realidade dos fatos; alegavam os moradores do engenho que não podiam trabalhar por 35 cruzeiros diários e comprar no barracão um quilo de charque por 180 cru-

zeiros. Sucede um caso. Na maioria dos engenhos que convém não citar aqui, o trabalhador costuma tirar uma conta de 10 x 10 braças quadradas por dia. A braça honesta é de 2 metros e 10 centímetros, perfazendo 441 metros quadrados. Mas, na maioria dos engenhos campeia a desonestidade. Recebem o trabalho honesto do camponês e lhe pagam um salário desonesto, neste caso está o engenho Malemba e muitos outros. No citado engenho a vara de medir contas tem 2 metros e 30 centímetros a mais. Ora, medindo-se uma conta de 10 x 10 não perfazia 441 metros e sim 529 metros quadrados, isto é 88 metros a mais no serviço do camponês.[2]

Nesse caso específico, o agente policial relata que teve uma conversa com a proprietária do engenho em greve, tentando mostrar-lhe as razões do descontentamento dos trabalhadores, e que esta teria ficado de pensar sobre a situação. Ou seja, o agente policial se transformou em negociador entre as partes, imbuído de um espírito de moralidade que, para sua surpresa, faltava a alguns senhores.

Numa linha de raciocínio próxima à do agente citado, encontra-se algumas vezes a imprensa. Em um artigo de opinião sobre a situação de conflito que pairava no meio rural, publicado no *Diário de Pernambuco* de 8 de agosto de 1962, com o título de "Clima inquietante", escreve o articulista:

> Faz-se mister que os proprietários se apercebam dos seus deveres para com os modestos lavradores, para com a comunidade, para com a nação. É preciso que o egoísmo ceda lugar a uma política larga de compreensão humana, cedendo-se alguma coisa em favor dos necessitados, evitando-se a ameaça da subversão da estrutura que deve ser melhorada, mas nunca destruída.

O problema do conflito entre trabalhadores e proprietários é, assim, colocado também no âmbito moral. Apela-se para que estes abram mão do sentimento de egoísmo e cedam alguma coisa, de forma a evitar a destruição das estruturas. Assim, tanto a polícia como a imprensa aparecem convocando os proprietários a iniciar uma outra prática, de modo a combater a subversão da ordem. Imprensa e polícia constroem um discurso de que os proprietários precisam mudar um pouco, tornar-se *menos desonestos e egoístas*, para que a estrutura social não seja destruída. Dessa maneira, mesmo quando deslocam o foco das greves e não responsabilizam apenas as Ligas e os comunistas, o clima de perigo e insegurança permanece, pois, como afirma o articulista, é preciso melhorar, mas não permitir que as estruturas sejam destruídas. Por outro lado, institui-se um mosaico de discursos, que não se apresentam necessariamente em uníssono, ou simplistamente favoráveis aos patrões. Observam-se nos agentes policiais e na imprensa alguns poucos discursos capazes de reconhecer e cobrar dos proprietários mudanças nas relações de trabalho.

Outro campo de luta entre trabalhadores e patrões relacionado à problemática do comunismo estava focado nos constantes incêndios dos canaviais dos engenhos e das usinas de açúcar no Nordeste. Os canaviais são bastante vulneráveis ao fogo, principalmente no período de estiagem que se estende de outubro a fevereiro; uma ponta de cigarro jogada na margem da estrada, a bucha de um tiro de espingarda (soca-soca),[3] uma fagulha dos cabos de alta tensão das torres de eletricidade que passavam no meio dos canaviais, ou mesmo crianças brincando com fogo nos terreiros de suas casas junto aos canaviais eram passíveis de produzir incêndios incontroláveis. Entretanto, ao serem noticiados pela imprensa, eles adquiriam sempre a conotação de atividade criminosa provocada por incendiários, possivelmente direcionados pelos comunistas e pela Ligas Camponesas. O discurso que criminalizava e politizava os incêndios nos canaviais apresentava essa atividade como produtora de uma onda de perigo e de medo que ameaçava toda a sociedade.

A pesquisa revela como os incêndios nos canaviais eram um assunto já noticiado na imprensa no final da década de 1940. Em geral, as matérias exigiam das autoridades ações mais efetivas contra os incendiários, que eram apontados como causadores de grandes transtornos aos proprietários. Os relatórios das investigações policiais mostram que muitos incêndios eram acidentais, enquanto outros constituíam táticas dos próprios trabalhadores para serem contratados. O incêndio obrigava que o proprietário cortasse a cana imediatamente ou, do contrário, não conseguiria vendê-la à usina. Embora o preço do feixe cortado de cana queimada fosse menor, o trabalhador conseguia cortar uma quantidade maior, o que aumentava seu ganho. Todas essas considerações aparecem nos relatos dos agentes policiais, entretanto, não eram publicadas pela imprensa; assim, a opinião pública guardava apenas a informação de que os incêndios eram criminosos, com possível motivação política. Por outro lado, à medida que a organização dos trabalhadores rurais em Ligas Camponesas adquiria maior expressão, observa-se como a associação dos incêndios dos canaviais à prática dos comunistas começava a deixar de ser uma suspeita e assumia um caráter acusatório indubitável.

Pernambuco em chamas

Assim como Delumeau confessa, na introdução a seu livro *O medo no ocidente*, o envolvimento com o tema, também vou relatar como a temática deste capítulo me alcança. No entanto, diferentemente de Delumeau, o medo que vivenciei e que de alguma forma se desenha neste texto não teve uma interferência tão direta na minha vida; não me paralisou, nem me impediu de fazer as coisas, enquanto ele, após ter vivenciado a experiência da morte de um farmacêutico, amigo dos seus pais, sucumbiu a um grande medo e passou três meses doente sem ir à escola. No meu caso, estaria mais próximo de uma memória involuntária, que me faz recordar Proust, *No caminho de Swann*, quando narra os efeitos de prazer e alegria que um gole de chá e umas migalhas de bolo irão lhe causar. Essa narrativa exprime a sua angústia nas diversas tentativas para descobrir, na sua memória, aquele sabor capaz de lhe provocar um estado de grande felicidade:

> E de súbito a lembrança me apareceu. Aquele gosto era o de pedaço de madalena que nos domingos de manhã em Combray (pois nos domingos eu não saía antes da hora da missa) minha tia Léonie me oferecia, depois de o ter mergulhado em seu chá da Índia ou de tília, quando ia cumprimentá-la em seu quarto. (Proust, 1990: 50)

No entanto, também diferentemente de Proust, essa memória involuntária que me ocorreu há uns dez anos não produziu efeitos de prazer e alegria, mas de descoberta. Foi antes uma surpreendente constatação, em que a experiência do presente me lançou às lembranças e sensações causadas por um tempo ausente. Viajava à noite retornando do interior do estado para o Recife, quando da estrada avistei um canavial em chamas. O fogo trepidante da palha seca da cana soltava enormes labaredas, em que fagulhas alcançavam vários metros de altura em razão do forte vento. Mas, todo aquele espetáculo causou-me imediatamente uma estranha sensação. O incêndio não trazia nenhum perigo, nenhuma ameaça à ordem, nenhum medo de que algo terrível estivesse prestes a acontecer. Emergiu, em fração de segundos, uma memória que associava incêndio e medo, incêndio e ameaça à ordem, incêndio e um perigo invisível e iminente. Mergulhado nas tramas da memória, senti uma sensação estranha de surpresa e alívio. Primeiro, pelo encontro com o passado, com uma memória que associava o incêndio a significados aterrorizantes. Depois, por constatar que os incêndios permaneciam, mas aqueles significados desapareciam, libertavam-se. Bastara um instante, um momento luz, para que uma densa memória emergisse e transmudasse.

Passados todos esses anos, descubro nessa pesquisa um reencontro com memórias múltiplas, cuja lenta e laboriosa construção a escrita deste capítulo de certa forma ajudou-me a entender, acompanhando fios e teias que urdiram aquele presente/passado de incêndios carregados de signos aterrorizantes e apocalípticos. Eu tinha por volta de 10 a 12 anos quando essa temática dos incêndios tornou-se mais aguda. Ou seja, mesmo vivendo à margem das preocupações e dos temas que interessavam aos adultos, isso não me impediu de formar uma memória carregada de fortes sensações de medo e perigo associadas aos incêndios dos canaviais.

A pesquisa possibilitou, ainda, trilhar alguns labirintos da produção dessa associação (incêndio *versus* perigo e ameaça à ordem e ao *status quo*) e perceber como ela não obedece a uma lógica unitária, ou a um plano organizado e predefinido. Antes, revela um deslocamento de sentido que vai sendo operado, de incêndio como ato criminoso para incêndio também como ato político, sobretudo à medida que os proprietários constatam uma mudança na forma dos trabalhadores rurais reivindicarem seus direitos.

Em 16 de janeiro de 1960, a página policial do *Jornal do Comércio* apresenta a fotografia de um trabalhador rural que confessa ter ateado fogo no canavial para, dessa forma, conseguir cortar uma quantidade maior de cana e, consequentemente, obter um salário melhor. A matéria é apresentada com o seguinte título: "Cortador de cana preso e espancado pela polícia: ateou fogo aos canaviais". O retrato e o nome do trabalhador – José Cordeiro da Silva – compõem o texto jornalístico, em que é reproduzida sua versão para cometer tais atos:

> **Razão dos Incêndios**: Os incêndios (dois) por ele provocados não tiveram intuitos criminosos, segundo confessou. Em virtude da deficiência de produção no corte da cana crua, ele se viu tentado a atear fogo nos partidos, a fim de facilitar o seu trabalho, de vez que a cana queimada lhe oferecia meios de maior produção, muito embora a tabela de preço fosse menor (25 cruzeiros por feixe). Ignorando consequências desastrosas, foi que ateou fogo às folhas secas, ficando surpreso quando as chamas se alastraram devorando grande extensão do plantio de cana.
>
> **Preso e Espancado**: Por denúncia do proprietário do engenho, o delegado Wilson Pereira Gomes prendeu-o em sua residência e o levou para o pátio da Cadeia Pública, onde às vistas de diversas pessoas o espancou barbaramente. Proferindo palavras ofensivas à moral o sargento e um cabo desferiram-lhe vários bofetões, usando em seguida uma palmatória com que lhe aplicou várias bordoadas em ambas as mãos.

O jornalista que produziu essa matéria deu voz ao trabalhador. Veio então à tona a tática de sobrevivência que motivava a prática de muitos incêndios. Desfazia-se dessa forma a relação necessária e inseparável do incêndio com os comunistas, e seu intuito de gerar pânico e desestabilizar a sociedade. Observa-se, também, como o trabalhador é apresentado como não havendo tido o intuito de causar um incêndio de proporções tão grandes. Seu ato foi de certa forma impensado, pois *ignorava as con-*

sequências desastrosas, e ficou surpreso quando as chamas se alastraram. O jornalista registra, ainda, que o trabalhador foi espancado barbaramente e ofendido na sua moral. Em síntese, a matéria desloca o foco do problema dos incêndios, ao desconstruir qualquer relação deste com o que era até então denominado de agitação comunista; e, mais ainda, expõe publicamente os atos arbitrários da polícia.

A reação a esse discurso não se faz esperar. No dia imediatamente seguinte, é publicada uma matéria na mesma página, com formato semelhante ao de uma nota, sob o título de "Revoltante desfaçatez", desqualificando o discurso do trabalhador e renovando a ligação entre agitadores e suas práticas incendiárias:

> Revoltante a desfaçatez com que um incendiário flagrado em dias desta semana ateando fogo no canavial de um engenho no município de Marial, justifica na polícia o seu gesto criminoso e inconsequente. Já é do domínio público a onda de incêndios que nos últimos tempos vêm sendo ateados nos canaviais de Pernambuco, por elementos perniciosos e industriados por agitadores, com o intuito de implantar a indisciplina e a agitação na outrora pacata zona canavieira do Estado, além dos avultados prejuízos que a criminosa prática acarreta a modestos e grandes proprietários. Quando se vem esboçando uma pequena reação contra esses elementos que deveriam estar na penitenciária pagando pelos seus crimes, eis que eles se apresentam na polícia como este cínico trabalhador do campo do engenho Pindoba Grande, de Maraial, que simplesmente alega ter tocado fogo nas canas para ficar mais fácil de cortar. (Jornal do Comércio, 17 jan. 1960)

A matéria revela uma grande preocupação dos proprietários em evitar que a ideia do incêndio relacionado à tática de obter melhor salário pudesse substituir aquela que vinha sendo construída intensamente pela imprensa. Observa-se, dessa forma, uma estratégia para impedir que qualquer dúvida se instalasse em relação às únicas e verdadeiras razões que motivariam os referidos incêndios: trabalhadores insuflados por agitadores – entenda-se comunistas e membros das Ligas Camponesas – interessados em causar instabilidade e anarquia social.

Em 11 de outubro de 1961, o jornal *Diário de Pernambuco* publica uma reportagem com a seguinte chamada no alto da página: "Nenhuma repressão policial aos incendiários dos canaviais". No corpo da matéria informa-se que "o crime é atribuído a grupo de agitadores, bem organizado, talvez de orientação comunista, interessados de mergulhar em pânico a zona canavieira". Pode-se supor que, ao ler essa notícia, uma parcela da população que vivia distante dos locais onde ocorriam os incêndios devia imaginar que os comunistas estavam na iminência de tudo incendiar. A afirmação categórica *grupo de agitadores bem organizados* devia produzir no leitor a impressão de que existia uma organização extremamente perigosa, sobretudo porque não estava identificada. Em seguida, a expressão duvidosa *talvez de orientação comunista* imprimiria numa parte significativa de leitores não uma suspeita, mas a convicção de que atos como esses eram de iniciativa dos comunistas. Afinal, era dessa forma que os diversos discursos – da polícia, da imprensa, da Igreja, das escolas – objetivavam o comunismo. E para agravar ainda mais o cenário de pânico e medo que ia sendo gradativamente tecido, a polícia era apresentada com uma atuação deficiente, sem corresponder ao seu papel de vigilância, prevenção e punição dos culpados.

A matéria jornalística tem um significado muito próprio nos estados produtores de cana-de-açúcar: os proprietários e a polícia perseguiam os incendiários, relacionando-os aos comunistas.

Um dos relatos que considero mais surpreendentes, entre aqueles encontrados na imprensa sobre esse tema, refere-se a uma matéria publicada em 17 de janeiro de 1962 no jornal *Diário de Pernambuco*. Em letras grandes na parte superior da página lê-se: "Avião ateou fogo no canavial do engenho 'Cairá': testemunha narra o fato ao 'Diário'". A matéria vem ilustrada com três fotos: duas de canaviais incendiados e a terceira de uma criança de 11 anos de idade, que seria a testemunha ocular do ocorrido. Na legenda da foto da criança lê-se a seguinte informação: "Severino Firmino da Silva (foto) ajudava o pai quando viu um avião jogar um negócio vermelho no canavial. Minutos depois o fogo se propagava." Para os leitores, ou a grande maioria deles, possivelmente não havia do que duvidar. As fotos do canavial queimado e também da testemunha ocular produziam o efeito de realidade e evidência dos fatos, além de induzir uma perspectiva de que algo muito grave estava a caminho.

"Eu vi cair do avião um 'negócio' vermelho e minutos depois o fogo queimava todo o canavial." Esta revelação é de Severino Firmino da Silva um menino desconfiado de 11 anos que ajuda o pai a cortar cana no Engenho Cairá da Usina Tiuma em São Lourenço da Mata, onde mais de mil toneladas de cana se queimaram depois que um misterioso avião jogou um objeto vermelho em seus canaviais, há 10 dias. A declaração de Severino foi feita à reportagem do Diário, no momento em que Firmino, seu pai, cortava cana queimada em outro engenho. A revelação do garoto está preocupando os setores policiais e administrativos do Estado, pois tal acontecimento "representa o início de uma onda de terrorismo que já estava pronto para ser levado a efeito desde que o deputado Julião disse na Assembleia, que podia incendiar todos os canaviais de Pernambuco em poucos dias" segundo declarou um fornecedor de cana da Usina Tiuma ontem. Fornecedores e dirigentes canavieiros em contato com a reportagem, manifestaram que esse incêndio do avião e todos os outros que estão ocorrendo em escala recorde são provocados por agitadores comunistas que querem levar a agroindústria do açúcar à "débâcle" para agravar os problemas sociais do Nordeste.

Percebe-se por esse trecho da matéria que a relação entre incêndio e atividade comunista, agitadora, desestabilizadora da ordem estava cimentada de forma indubitável. No entanto, se o leitor, após esses parágrafos, lesse o seguinte, talvez perdesse a certeza inicial daquela relação até então apresentada como evidente e incontestável. Registra a equipe do jornal os relatos de um cortador de cana e do administrador do Engenho Cairá:

> Um cortador de cana no entanto disse à reportagem que os sucessivos incêndios podem ser provocados pelos grandões que "estão brigando entre si. Comunista não há por aqui e camponês não é maluco de fazer uma coisa dessas". Enquanto isso o administrador do Engenho "Cairá", Sr. José Luciano, não sabe precisar as causas dos incêndios e disse que não pode culpar os donos das canas, nem os camponeses, nem os comunistas. "Se há comunistas aqui é muito encapuçado, ninguém sabe se existe" – declarou.

Através desses dois relatos, aquela certeza apresentada como inconteste, associando a causa dos incêndios a uma atividade de comunistas ou de agitadores interessados em desestabilizar a produção, em parte estaria desfeita. Por outro lado, contudo, há de se reconhecer que esse constituía apenas um parágrafo, entre vários que apontavam na direção oposta. E poder-se-ia ainda reconhecer que os relatos que garantiam a ação de comunistas e agitadores vinham de vozes consideradas socialmente mais autorizadas – "fornecedores e dirigentes canavieiros" –, e não de um simples cortador de cana e um administrador. No entanto, a dúvida estava lançada.

No dia 18 de janeiro, imediatamente após a manchete do avião incendiário, o jornal *Diário da Noite* estampava em sua primeira página: "Governo vai agir contra autores de incêndio nos canaviais diz Ministro". E um parágrafo, ainda na primeira página, complementava a notícia: "Ministro da Justiça, Sr. Alfredo Nasser virá a Pernambuco especialmente para conferenciar com as autoridades federais e estaduais sobre o assunto – Executivo está interessado em adotar enérgicas medidas de repressão aos sabotadores." Os incêndios nos canaviais deixavam de ser um problema apenas estadual ou regional e atraíam a atenção do governo federal. O anúncio da vinda do ministro era o reconhecimento da gravidade da situação.

Em face desse quadro, a Secretaria de Segurança Pública, talvez pressionada para municiar o Executivo com informações mais precisas e detalhadas, ou no exercício de suas funções de policiamento e vigilância, enviou um agente à área onde teria ocorrido o incidente. O resultado dessa diligência foi transformado num relatório de 14 páginas encaminhado ao delegado auxiliar.[4] O agente Aurino Xavier de Oliveira, responsável pelas diligências e autor do relatório, demonstra ter permanecido vários dias na região. No documento informa ao superior que visitou o engenho Cairá e mais 12 engenhos, de maneira a ter um levantamento amplo da problemática dos incêndios. Explica que conversou com proprietários, administradores e trabalhadores, tanto nos barracões[5] como nos locais de trabalho. Entre as perguntas que fazia, nas conversas que manteve, o tema do avião incendiário era recorrente. Pontuar algumas respostas que o agente anotou em seu relatório possibilita redesenhar alguns cenários do quadro que ele enviou a seus superiores. Um dos primeiros contatos foi com o gerente da usina Tiúma, que era a proprietária do engenho Cairá. A resposta do gerente, registrada pelo investigador, teria sido a seguinte:

> Realmente em um dia que não me recordo um menino me falou de haver visto um avião ter jogado um negócio vermelho e que em seguida irrompeu um incêndio. Entretanto não tomei conhecimento disso, pois julgo inconcebível, mesmo porque se tratava de uma criança e se isso acontecesse não era possível que somente um menino visse, uma vez que estavam vários trabalhadores reunidos.

Esse relato do gerente desqualificava inteiramente a notícia que ocupava os jornais e as rádios. Seu argumento desconstruía aquilo que fora uma das peças-chave na construção da notícia na imprensa, ou seja, o relato de uma criança de 11 anos, associado à sua fotografia. E enfatizava o gerente que não podia dar crédito à fala de uma criança, se esta não era corroborada por nenhum dos adultos que se encontravam ao lado dela no momento em que teria visto o objeto ser atirado do avião. As falas dos diversos trabalhadores, administradores e proprietários de engenho vão ampliar a perplexidade em se dar crédito à referida história. Alguns, apesar de morarem e trabalharem bastante próximo, nunca ouviram tal relato. Outros souberam pelo rádio e pelo jornal, como o proprietário do barracão Camorim, vizinho ao engenho Cairá, que teria afirmado: "Dirijo esse barracão há mais de 24 anos e só soubemos disso pelo rádio e o jornal e uns homens do rádio que estiveram por aqui. Camorim é aqui bem junto de Cairá e se isto acontecesse, a gente sabia logo, pois aqui não se guarda nada." Joaquim Inácio, dono do barracão, revelava como aquela notícia, que parecia incendiar o Recife através dos jornais e das rádios, definitivamente não circulava na região. E ainda detalhava que tomaram conhecimento pelo noticiário da imprensa e do rádio e por intermédio de uns radialistas que estiveram por lá.

O agente Aurino talvez já estivesse bastante intrigado em não encontrar, no território em que a imprensa fotografara o incidente e sobre o qual escrevera uma matéria que instituía um cenário ameaçador, outras informações que possibilitassem à investigação construir provas e apontar os responsáveis. Muito ao contrário, algumas respostas ou mesmo observações dessa população revelavam uma certa ironia em face do crédito dado a uma história como aquela. Nessa perspectiva, no próprio engenho Cairá, o proprietário do barracão, Nestor Leite Amazonas, comentara:

> Sou nascido e criado na Usina Tiuma. Desde 16 de outubro de 1956 que tomo conta do barracão. Aqui é o lugar que se sabe da vida de todo mundo do engenho; desde o menino que jogou uma pedra na galinha do vizinho e quebrou a perna da mesma e que o dono vem aqui tomar uma lapada[6] e ficar esperando o pai do menino, até a mulher que quebrou a cabeça do marido. Por isso acho difícil que um avião que passou por aqui e soltasse qualquer coisa no mês de dezembro e somente agora a gente viesse saber e mesmo através do rádio e do jornal.

A partir desses depoimentos, definitivamente aquele não era um tema que circulasse entre os trabalhadores da região. Mas Aurino, dentro de suas possibilidades, procurou esgotar e cercar ao máximo seu objeto de investigação. Depois de entrevistar o dono do barracão do engenho Cairá, foi conversar com os trabalhadores que estavam junto com o pai da criança na hora do acontecido. Como registra em seu relatório, foi ao campo e ouviu o seguinte relato de um grupo de trabalhadores daquele engenho, constituído por "Reginaldo, Severino João, João Carneiro, Antonio Manoel Pequeno, Augusto Lourenço e outros": "A gente estava tudo trabalhando junto, mas não vimos nada. Esse negócio de avião, todo dia passa por aqui, parece até que é caminho deles. Aqui já teve uns homens de rádio e a gente disse a mesma coisa." E um dos trabalhadores acrescentou: "Isso até parece milagre de Nossa Senhora Aparecida, somente para esse menino vê." Com essa frase final, sabiamente o trabalhador, cujo nome Aurino não anotou, oferecia uma chave para o mistério: *milagre de Nossa Senhora Aparecida*. Estava tudo explicado. Quem poderia questionar? Porém, iria o delegado auxiliar acreditar em milagre? Aurino, no entanto, registrou em seu relatório. Estaria brincando aquele trabalhador, fazendo uma trampolinagem? Ou falara sério, acreditava ser mesmo possível um milagre? Quem sabe era um beato, ou mesmo um cristão muito temente a Deus, que recorria aos milagres quando os mistérios se mostravam insondáveis. Mas, para que investigar a razão da sua observação? O que mudaria na história? Uns acreditavam em milagres, outros em agitadores, outros não acreditavam.

No entanto, a investigação não estava completa. Faltava ouvir o administrador do engenho e o próprio pai da criança. O primeiro, José Lucilo Maciel, prestou as seguintes informações sobre o ocorrido:

> No mês de dezembro quando voltava do almoço encontrei um incêndio no canavial, tratando imediatamente de tomar as providências para apagar o fogo. Quando me encontrava nessa tarefa, o filho do trabalhador Firmino Manoel da Silva, de nome Severino Firmino, me disse que havia visto um avião muito alto, ter soltado um "negócio vermelho". Como administrador antigo, acho que o incêndio não partiu do avião, mas fico calado. Às vezes se encontra nos canaviais uns balões que os aviões soltam com uma engrenagem (balões de sondagem das condições atmosféricas). Eu mesmo tenho um em casa que um trabalhador achou no campo e me deu e o compadre Manuel do Nascimento tem outro também achado nas canas.

Esse relato abria uma nova variante. Não mais uma história resultante da imaginação fértil de uma de criança, não mais um milagre que só ela avistara, porém balões de sondagem meteorológica que outros trabalhadores já haviam visto e até guardavam em casa. No entanto, José Lucilo, consciente de sua posição, diferencia seu depoimento. Constrói seu lugar de autoridade, diz-se administrador e antigo. Logo, alguém de muitas responsabilidades e que, por ser antigo, já assistiu e vivenciou muitas situações. E desse lugar que a autoridade da função e do tempo lhe confere, sentencia: "acho que o incêndio não partiu do avião". Entretanto, essa é uma avaliação, um julgamento, um ponto de vista que ele não externa a qualquer pessoa, pois também declara: "mas fico calado". Intrigante e revelador seu silêncio. Afinal, a respeito de um assunto sobre o qual se falam tantas coisas, o administrador antigo guarda seu conhecimento para o momento oportuno; como aquele, no qual confabula com alguém que também ocupa um lugar de autoridade, e então se permite externar seu ponto de vista. Essa postura, de romper o silêncio e dizer, revela alguém que conhece os significados múltiplos da relação saber e poder. O que diz, quando diz e a quem diz são práticas instituintes do exercício do poder, que Lucilo transformou em sabedoria. E Aurino registrou com detalhes em seu relatório.

O relato de Firmino Manoel da Silva, pai do menor que teria avistado o objeto lançado do avião não se diferencia dos demais. Ou seja, nem o próprio pai, que estava ao lado, avistara qualquer coisa:

> Eu estava trabalhando com o pessoal quando o menino disse: "papai olha o avião soltou uma coisa vermelha". Olhei para cima e perguntei: "cadê menino?" E por mais que olhasse não vi nada, pelo que disse: "deixe de besteira menino que eu não estou vendo nada". E comecei a trabalhar.

Ora, se nem mesmo o próprio pai, que estava ao lado do filho quando teria ocorrido o lançamento do objeto vermelho, confirmava a história, nada de seguro e certo seria possível constar no relatório que induzisse à existência de uma relação entre o avião que teria sido avistado pela criança e o lançamento de qualquer objeto.

É significativo ainda registrar, a partir desse extenso e valioso relatório, alguns relatos de proprietários e administradores sobre o tema geral dos incêndios nos canaviais. No engenho Campo Alegre, o administrador fora enfático em afirmar que a história do avião era *conversa fiada*, ou seja, não merecia qualquer crédito. No entanto, apontava como uma das principais causas dos incêndios o uso do cachimbo:

> Numa distração qualquer, por um fósforo, ou um tição [pedaço de madeira em brasa, muito usado para acender cachimbo], e quando se dá fé a cana está pegando fogo. Isso aqui nesse tempo é mesmo que pólvora e quando a cana pega fogo, ninguém sabe quem foi. Sempre fui contrário a isso, porém infelizmente não se pode proibir, pois o fumo tem mais valor para eles do que a comida.

A sábia experiência de um administrador de muitos anos apontava o vício do cachimbo como a razão para muitos incêndios. Essa informação, da voz de alguém com tanta experiência, deve ter surpreendido Aurino, que nunca lera sobre isso nos jornais, nunca tomara conhecimento da relação entre cachimbo e incêndio nos canaviais.

Outro relato acerca de incêndio que atraiu a atenção do referido agente foi colhido no engenho Poço Salgado e Santo Antônio. Disse o proprietário, Ivanildo Beraldo, que naquele ano ainda não havia sofrido nenhum incêndio, mas, segundo suas palavras, era um *bafejo da sorte*. Em seguida passou a narrar um caso de incêndios que muito o preocupara:

> O Sr. não deve ignorar que existem sujeitos tarados, ou mesmo questão de psicose, que têm prazer em praticar atos de vandalismo. Pois bem acerca [sic] de dez anos passados eu tive um caso desta natureza. Já tinha-se verificado vinte e dois incêndios em meus engenhos. Eu já estava com ar de doido; eis que quando do 23º chegou um meu vigia de nome Manoel Barros, que por sinal ainda hoje aqui trabalha, pois é um homem de bem, trazendo pela mão um seu fi-

lho, que havia sido flagrado pelo próprio pai, quando iniciava o 23º, tendo confessado espontaneamente a sua autoria em todos os vinte e dois incêndios. O próprio pai encarregou-se de castigá-lo, pedindo-me depois a importância de $ 300.00 para deportá-lo, no que foi atendido. Este nunca mais apareceu, tendo cessado os incêndios.

Após narrar esse caso exemplar, do pai punindo o próprio filho que espontaneamente se confessara autor de 22 incêndios, o proprietário introduziu uma nova relação entre os incêndios e seus autores: tarados, psicóticos, vândalos. Uma trilogia que simbolizaria o prazer em praticar atos destruidores. Mas Ivanildo Beraldo ainda tinha outro caso para relatar na mesma perspectiva, ocorrido há apenas dois meses. O filho do vigia de outro engenho fora flagrado incendiando um canavial e imediatamente preso e entregue à Justiça. No entanto, apesar do proprietário haver cobrado do juiz todo rigor no processo, em poucos dias ele estava solto. Com esses dois exemplos este proprietário retirava do campo político a questão dos incêndios nos canaviais.

Aurino ainda anotou que alguns trabalhadores, e mesmo proprietários e administradores, quando indagados sobre a relação entre avião e incêndio, não só afirmaram não haver tomado conhecimento como trouxeram à tona um outro momento. Relembravam, sim, de que quando o Partido Comunista tivera seu registro cassado, em 1947, ocorreram diversos incêndios na região, os quais foram atribuídos a um avião teco-teco que passara diversas vezes sobrevoando a região. Na época havia sido feita essa relação.

Ao final do relatório são apresentadas as conclusões que foram alcançadas em razão de todo o trabalho investigativo. Estas são resumidas nos seguintes aspectos:

> [...] o mau exemplo dos proprietários que costumam no final da safra mandar queimar aquelas canas de acesso mais difícil para o corte; o caso dos cortadores que fumam no serviço; o descaso e a negligência; os psicopatas e o criminosos além de outros à sombra desses. Quanto ao avião fator primordial desse relatório, após reunir-se todos os da-

dos obtidos e aqui discriminados chega-se à conclusão, com clareza, que o que houve foi um pouco de exploração e sensacionalismo.

As conclusões desse relatório não foram divulgadas na imprensa. Consequentemente, a história do avião incendiário continuou a dominar uma parte significativa da opinião pública. No entanto, mesmo que esse documento tivesse se tornado público, não mudaria a opinião de uma parcela da sociedade que havia aprendido a perceber, a sentir e a pensar como havendo uma grande conspiração comunista em marcha. Afinal, era isso que muitas instituições e órgãos repetiam e enfatizavam cotidianamente há mais de uma década.

A REDE POLICIAL

No início da década de 1960, Pernambuco, por meio do Movimento de Cultura Popular (MCP) do governo de Miguel Arraes, serviu de inspiração ao projeto das Praças de Cultura do prefeito de Natal, Djalma Maranhão. Por outro lado, após o golpe civil-militar de 1964, o estado iria enviar agentes da polícia para auxiliar e treinar a polícia política do Rio Grande do Norte. Em 29 de abril de 1964, foi publicado no Diário Oficial do Estado do Rio Grande do Norte um decreto do governador Aluízio Alves nomeando o bacharel e inspetor geral da Polícia do Estado de Pernambuco Carlos Moura de Morais Veras e o também bacharel e capitão da Polícia do Estado de Pernambuco José Domingos da Silva

> para apurar como Delegado de Polícia Especial com jurisdição em todo o Estado, através de investigação singular, a prática de atos contra a segurança do País, e regime democrático e a probidade da administração pública ou de crime contra o Estado e seu patrimônio, a ordem política e social ou atos de guerra revolucionária [...].[7]

Os dois assessoraram durante cinco meses o trabalho de perseguição e investigação contra trabalhadores rurais, políticos, intelectuais, estudantes e funcionários da Rede Ferroviária Federal considerados de esquerda pela polícia daquele estado (Leite, 2008). Essa cooperação pode ser estudada como um sinal da rede complexa e sofisticada que a polícia de Pernambuco construiu em anos de perseguição às pessoas, aos movimentos sociais e às instituições consideradas de esquerda no estado, dessa maneira capacitando-se para assessorar outros estados na tarefa de polícia política. Ao final dos trabalhos, os dois delegados especiais produziram um detalhado relatório de sessenta páginas, reproduzindo partes dos depoimentos, fotografias e uma avaliação geral, utilizando como argumento para suas conclusões trechos de documentos que afirmavam pertencer aos militantes presos:

> Concluindo esta longa explanação, permitimo-nos transcrever o que consta do documento intitulado: "Situação do Operariado e Sistema Capitalista. Sindicalização Urbana", assinado pelo indiciado Danilo Bessa, o qual às fls. 1069 textualmente assim está redigido: "A etapa das lutas políticas – com a greve parcial de setembro do ano passado, pela posse do Sr. João Goulart, e com a recente greve geral por um gabinete nacionalista – a Classe Operária inicia no Brasil a sua luta decisiva pela tomada do poder. Estas greves, embora sem a unidade necessária e por isto mesmo vacilante, abrem uma perspectiva fabulosa para o movimento revolucionário. Por isto mesmo, esta é a etapa mais difícil, por ser decisiva, na transformação da classe operária. Sendo greve política, do ponto de vista das classes dominantes, ilegal, por isso mesmo passível de ser reprimida em nome da ordem e da legalidade nesta etapa mais do que nunca o movimento operário precisa organizar-se e articular-se com todas as forças populares, principalmente com o campesinato que enfrenta o latifúndio para manter uma luta que está fora da legalidade vigente. Assim, a tarefa que o momento histórico coloca ao operariado é a organização revolucionária dentro e fora dos Sindicatos". (Silva; Veras, 1964: 60)

Esse fragmento, inserido na parte conclusiva do relatório dos inquéritos realizados acerca da subversão no Rio Grande do Norte, servirá como referência para unificar todos os segmentos e movimentos considerados de esquerda como defensores da análise/avaliação política contida no trecho supracitado e, por extensão, da ação propugnada no referido documento. Dessa forma, a partir da leitura que se permitem fazer desse fragmento, que afirmam ser assinado por Danilo Bessa (já indiciado), os delegados concluem:

> O comunismo cresceu e infiltrou na Vida Nacional, culminando com a Revolta dos Sargentos em Brasília e o Motim dos Marinheiros no Sindicato dos Metalúrgicos na Guanabara, numa demonstração clara e palpável de indisciplina e subversão. Era a própria decomposição do Regime Democrático em que vivemos. Mas, nem tudo estava perdido. O Movimento Revolucionário de 31 de março de 1964 realizou na História do Brasil mais um marco de patriotismo e de autenticidade do Regime Democrático, restituindo à Família Brasileira, a Tranquilidade, a Segurança e o Direito de viver livre e feliz sob o auri-verde pendão da Esperança. Civis e Soldados salvaram a Pátria ameaçada pelo Comunismo para os filhos de hoje, homens de amanhã. É o relatório. (Silva; Veras, 1964: 60-1)

Com a entrega desse relatório, os dois agentes da polícia de Pernambuco consideraram encerrada a tarefa como delegados da Polícia Especial do governo do estado do Rio Grande do Norte. Na oportunidade, foram alvo de públicos elogios e agradecimentos pelo serviço realizado. O governador Aluízio Alves, por meio de ofício enviado ao governador de Pernambuco, Paulo Guerra, e também ao coronel Sylvio Cahu, comandante da Polícia Militar, elogiou o trabalho realizado e agradeceu a colaboração. (Leite, 2008).

Outra fonte imprescindível para a análise da rede policial organizada em Pernambuco nesse período é a documentação do Dops-PE. Esta possibilita estudar, por exemplo, uma extensa rede policial monitorando, espionando, controlando as atividades dos trabalhadores rurais em diversas áreas, especialmente naquelas em que eles fundavam Ligas Camponesas. A polícia, possivelmente por meio dos patrões, que costumavam ter seus "homens de confiança" no meio dos trabalhadores rurais, era constantemente informada. Todos os membros dessas organizações tinham seus nomes anotados, como também suas ligações com Francisco Julião e/ou com aqueles tidos pela polícia como comunistas.

Um documento muito importante acerca da atuação da polícia no controle das atividades dos comunistas em Pernambuco é um texto escrito pela Secretaria da Segurança Pública – Delegacia Auxiliar – com o título *Aspectos da atividade do comunismo em Pernambuco*, apresentado na II Conferência Nacional de Polícia no Rio de Janeiro, em 1958. Organizado como livro, contém farta documentação do Partido Comunista, apreendida pela polícia de Pernambuco em janeiro de 1956, quando o Comitê Regional foi desarticulado: são fichas, mapas, gráficos, confissões de autocrítica de militantes que teriam traído a linha programática do partido. Há também um detalhado mapa de sindicatos, associações, comitês, escolas, círculos de amigos, movimentos de bairro, órgãos públicos e demais entidades em que a polícia considerava haver representantes ou simpatizantes do Partido Comunista. Esse livro, além de trazer uma preciosa documentação sobre a atuação do PC em Pernambuco, revela toda uma linha de pensamento e procedimentos da polícia estadual, assim como o debate entre as polícias dos diversos estados. Afirmam os delegados Álvaro da Costa Lima, Armando Samico e Francisco Lima, nas considerações finais do livro:

> Assim sendo, está-se a sentir necessidade de serem tomadas as providências cabíveis para dar à nação leis mais oportunas, mais justas, a fim de melhor armar órgãos incumbidos de dar combate às atividades extremistas que procuram solapar o regime democrático e atingir frontalmente nossa organização social. (Lima; Samico; Lima, 1958: 218)

Observa a polícia a necessidade de adequar a legislação, de forma que possam ser criados mecanismos legais que enquadrem e ofereçam materialidade àquilo que é considerado um perigo e uma nova ameaça à ordem social. Ainda no mesmo livro, os agentes policiais conclamam:

> Desta sorte, há necessidade de um combate mais efetivo, mais eficiente, mais harmônico mesmo, em todo o território nacional com todas as forças que as normas democráticas permitam empregar, para que se possa deter de uma vez por todas, a perigosa pretensão do Partido Comunista de destruir o nosso histórico regime político, de perturbar a nossa ordem social, de afrontar a nossa família, de ultrajar os preceitos religiosos que os brasileiros têm a liberdade de aceitar. Em frente à realidade do momento sente-se que é preciso uma ação mais ampla, para essa campanha decisiva para os destinos do Brasil, que deve ser levada a efeito por todos os brasileiros. (Lima; Samico; Lima, 1958: 217)

A leitura desse documento oferece uma cartografia de como a polícia não apenas produzia um lugar de perigo e ameaça atribuído ao Partido Comunista, mas demarcava uma identidade anticomunista em que todos os brasileiros deviam se reconhecer e, portanto, estar juntos. Ou seja, quem não tinha a compreensão ou a leitura dos acontecimentos da forma como era proposta pela polícia não seria considerado brasileiro. Esses breves fragmentos revelam uma série de deslocamentos discursivos da polícia. Por um lado, pressiona para que o campo jurídico defina e, portanto, objetive o inimigo, de modo que este possa ser melhor capturado pela rede repressiva e investigativa do Estado. Por outro, ao definir positivamente em que consiste seu perigo, estabelece um lugar e uma prática a serem combatidos, como se através desses termos o comunismo adquirisse uma materialidade concreta e evidente, revelando-se como um rosto, em todo o seu incomensurável perigo para sociedade. Ao mesmo tempo, há uma preocupação de integração e harmonia entre as forças repressivas de todo o território nacional em sintonia com as normas democráticas.

O trabalho de análise dessa documentação tem remetido a Foucault quando, refletindo acerca das suas experiências de pesquisa, analisa como os objetos de discurso se constituem:

> As condições para que apareça um objeto de discurso, as condições históricas para que se possa "dizer qualquer coisa" dele e várias

> pessoas dele dizer coisas diferentes, as condições para que ele se inscreva em um domínio de parentesco com outros objetos, para que possa estabelecer com eles relações de semelhança, de vizinhança, de afastamento, de diferença, de transformação – essas condições, vê-se, são numerosas e pesadas. [...] Existe [o objeto] sob as condições positivas de um feixe completo de relações. Essas relações são estabelecidas entre instituições, processos econômicos e sociais, formas de comportamento, sistemas de normas, técnicas de classificação, modos de caracterização; e essas relações não estão presentes no objeto; não são elas que são desenvolvidas quando se lhes faz a análise; elas não desenham a trama, a racionalidade imanente, essa nervura ideal que reaparece totalmente ou em parte quando o pensamos na verdade de seu conceito. (Foucault, 1972: 59-60)

Observa-se, no cruzamento dos fragmentos do documento da polícia e da reflexão construída por Foucault, como há uma preocupação do próprio órgão de repressão no estabelecimento de leis que ofereçam o suporte do Estado democrático às suas ações contra aqueles que, segundo ele, ameaçam os destinos da nação. Afinal, a polícia aponta a necessidade da lei, como condição para o estabelecimento de "sistemas de normas, técnicas, tipos de classificação, modos de caracterização" que de certa forma garanta a unidade e a harmonia da ação, que não é dada pelo objeto, ou pelo alvo da ação, mas pela forma como este é lido.

Desse modo, é possível compreender como foi sendo gestado por intermédio de diversas redes o perigo comunista, e como esse perigo apareceria associado aos conceitos de medo e de pânico. Como a imprensa, a polícia, a Justiça iriam construir o lugar do perigo, da ameaça àquilo que era objetivado como a ordem social e, ainda, como outras instituições se incorporariam e ampliariam os efeitos dessa produção discursiva que iria consubstanciar a ação legal repressiva.

Pernambuco(s) em perigo

O sentimento de medo como experiência social adquire contornos muito próprios quando estudado em diferentes períodos da história. No momento da escrita deste texto (junho de 2008) ocorreu a campanha eleitoral para presidente dos EUA. Em um determinado momento da disputa para indicação do candidato do Partido Democrata, Barack Obama se viu apresentado como um muçulmano, religião que os americanos associam negativamente ao ataque de 11 de setembro de 2001 e ao extremismo religioso. O boato foi reforçado pela divulgação de uma foto em que Obama aparece com trajes típicos de muçulmano em uma visita ao Quênia, onde sua família paterna mora. Na época, sua equipe acusou o comitê de campanha da sua rival pela indicação do Partido Democrata, Hillary Clinton, como responsável pela divulgação da foto.

No Brasil, durante a campanha para o segundo turno das eleições presidenciais de 2002, a atriz de novelas Regina Duarte apareceu no programa de televisão de José Serra, candidato do PSDB, afirmando que sentia medo do que poderia acontecer caso Luiz Inácio da Silva, candidato do PT, saísse vencedor. Se pesquisarmos os jornais da época, será possível avaliar que o sentimento de medo contaminou em certa medida alguns setores da economia, haja vista a alta excessiva do dólar na época e a piora de alguns indicadores econômicos. Esse fato não se repetiu na nova eleição presidencial em 2006, quando Luiz Inácio da Silva foi reeleito.

O campo da política se constitui como referência muito fértil para o estudo de experiências históricas do medo. Refletir acerca dessa experiência nas décadas de 1950 e 1960 implica caminhar em uma pesquisa de muitas linhas que se embaralham e interconectam.

Em Pernambuco, um dos fatores que produzia medo era associado ao domínio dos comunistas nos movimentos sociais urbanos e rurais, assim como das Ligas Camponesas. Segundo parte da imprensa, a situação se tornara mais grave em razão da eleição para cargos majoritários de candidatos como Pelópidas da Silveira e Miguel Arraes, que estabeleciam alianças com os comunistas, além de convidá-los para cargos em órgãos do estado.

A leitura dos jornais da grande imprensa que circulavam no Recife na época possibilita observar como a realidade política e social era apresentada para a opinião pública. Minha análise focalizará a abordagem de temas políticos e sociais durante o ano de 1963 em dois jornais – *Última Hora* e *Diário de Pernambuco*. O jornal *Ultima Hora*, de Samuel Wainer, editado no Rio de Janeiro e em São Paulo, desde 1954 passara também a ser distribuído no Recife, em Belo Horizonte, Porto Alegre. Na época da sua fundação (1951), o objetivo maior era dar respaldo a Vargas e ao mesmo tempo divulgar os acontecimentos locais, sobretudo os políticos, reforçando a rede de sustentação do PTB/PSD (Martins; Luca, 2008). O segundo periódico, *Diário de Pernambuco*, editado no Recife, integrava os Diários Associados de Assis Chateaubriand. Como se vê, eram dois veículos de comunicação com posições políticas diametralmente opostas.

Ao se acompanharem as matérias relativas às Ligas Camponesas, por exemplo, descortinam-se duas representações completamente distintas. Para o *Diário de Pernambuco* o estado encontra-se desgovernado, entregue ao domínio dos comunistas, o que gera um clima de grande intranquilidade e perigo. Nesse sentido, segundo matéria de 30 de abril de 1963, a reforma agrária que Arraes e as Ligas Camponesas defendem será o instrumento que servirá para "[...] implantar o comunismo no país". Nas constantes críticas ao governador Miguel Arraes, este é descrito como o responsável pelo "ambiente intranquilo que deve despertar a reação mais firme e coordenada da família pernambucana" (Diário de Pernambuco, 25 out. 1963). Nas reportagens que relatam as ações de camponeses em diversos engenhos, estes são quase sempre apresentados como armados e cometendo violências: "Quinhentos camponeses tentaram assaltar o engenho 'Cacimbas'" (3 jan. 1963); "Conflito na usina Santo André resulta em morte e ferimentos: agitadores iam invadir escritório" (2 ago. 1963); "300 armados em Jaboatão ocupam engenhos" (11 ago. 1963); "Camponeses em Barreiros passaram da agitação à luta: tiroteio com a polícia" (13 out. 1963). Essas matérias localizam-se geralmente na coluna policial. Se o governo de Miguel Arraes (1963-1964) teve como uma de suas vitórias políticas a retirada da polícia do tratamento das questões entre senhores e trabalhadores rurais, a imprensa a mantém. O *Diário de Pernambuco* continua a noticiar e comentar as disputas entre camponeses e patrões na coluna policial.

Por outro lado, quando a pesquisa focaliza as matérias veiculadas no jornal *Última Hora*, observa-se surgir um outro Pernambuco. Nele o governador Miguel Arraes é apresentado como tendo inteiro controle acerca dos possíveis problemas políticos e sociais. No retorno de uma viagem do governador a Brasília, a reportagem do *Última Hora* parabeniza seu pronunciamento no aeroporto, em que teria afirmado: "Não há anarquia no País, além das provocações partidas do Ibad" (9 jun. 1963). A agenda do governador e suas realizações são publicadas na coluna "O dia do Governador", enquanto os problemas no meio rural são noticiados na "Coluna Sindical" ou na página "Nordeste em Marcha". No que tange aos conflitos entre camponeses e senhores, o jornal destaca como os camponeses muitas vezes, ao reivindicar seus direitos trabalhistas, são alvos de constantes violências: "Camponeses do engenho Oriente, fuzilados pelas costas" (10 ago. 1963); "Baleado o camponês" (18 ago. 1963) – porque foi exigir seus direitos. O *Última Hora* constantemente abre espaço para depoimentos em que os trabalhadores rurais narram sua versão acerca de algum conflito com os senhores de engenho.

Talvez em razão da diferença acentuada entre as formas como a realidade no meio rural era apresentada por esses dois jornais, ou mesmo da estratégia do jornal *Última Hora* de dar voz ao camponês e ao movimento das Ligas Camponesas, o *Diário de Pernambuco*, em uma matéria de 4 de abril de 1963, foi induzido a afirmar que "[...] seria insensato, ou alheamento à realidade visível e palpável, tentar obscurecer as miseráveis condições do nosso homem do campo".

Dessa maneira, ao leitor se apresentavam duas realidades completamente opostas: uma construída pelo *Diário de Pernambuco*, em que o estado de Pernambuco era representado como desgovernado e em perigo; outra divulgada pelo jornal *Última Hora*, em que o estado encontrava-se em perfeita ordem, e a violência e a intranquilidade existentes decorriam da atitude de alguns patrões que não reconheciam os direitos dos seus trabalhadores.

Ler esses jornais do período, com representações diferenciadas do universo social e político de Pernambuco e do Nordeste, é percorrer trilhas que por meio de notícias e reportagens moldavam, modelavam, instituíam formas de percepção, de compreensão e de ação em face do que se apresentava como real. O perigo, o medo, a insegurança eram signos que acompanhavam constantemente uma parcela significativa dessas matérias jornalísticas e concorreram para a efetivação do golpe civil-militar de 1964.

Notas

[1] Simpósio Internacional "Quarenta anos do golpe de 1964: novos diálogos, novas perspectivas", realizado no campus da Universidade Federal de São Carlos.
[2] Relatório Policial. Fundo 27805. Documentação das Ligas. Arquivo Público Estadual de Pernambuco.
[3] Tipo de espingarda de matar pequenas aves muito vendida nas feiras do interior, em que o carregamento é realizado pelo cano, colocando-se pólvora e uma bucha, que é socada junto com a pólvora antes do disparo.
[4] Relatório do agente policial Aurino Xavier de Oliveira. Fundo 29201. Ligas Camponesas. Arquivo Público Estadual de Pernambuco. Este relatório é a fonte de todas as citações que se seguem neste tópico.
[5] Os barracões eram em geral galpões transformados em mercearia, onde os trabalhadores compravam grande parte daquilo que consumiam. Eles ficaram famosos porque foram muito usados como meio para manter o trabalhador sempre em débito com os senhores. O salário só era pago após abater as despesas nos barracões e muitas vezes o trabalhador não recebia dinheiro como pagamento, mas apenas vales para comprar no barracão.
[6] "Tomar uma lapada" significa tomar um gole de cachaça.
[7] Diário Oficial do Estado do Rio Grande do Norte. Natal, n. 562, 29 abr. 1964, p. 1.

BIBLIOGRAFIA

ABREU, Socorro. *Revisitando o campo*: lutas, organização, contradições – Pernambuco, 1962-1987. Recife, 2003. Tese (Doutorado em História) – Programa de Pós-Graduação em História, Universidade Federal de Pernambuco.
AGUIAR, Roberto de. *Recife da Frente ao golpe*. Recife: Ed. UFPE, 1993.
ALVES, Márcio Moreira. *O Cristo do povo*. Rio de Janeiro: Sabiá, 1968.
ANDERSON, Jon Lee. *Che Guevara*: uma biografia. Rio de Janeiro: Objetiva, 1997.
ANDRADE, Maristela de Paula (Org.). *Coleção Célia Maria Corrêa*: direito e campesinato. São Luís: Mestrado em Políticas Públicas da Universidade Federal do Maranhão, Núcleo de Apoio às Viúvas de Trabalhadores Rurais Assassinados em Conflitos de Terra, 1997. 5 v.
AZEVEDO, Fernando. *As Ligas Camponesas*. São Paulo: Paz e Terra, 1982.
BANDEIRA, Luiz Alberto Moniz. *O governo João Goulart*: as lutas sociais no Brasil (1961-1964). 7. ed. rev. e ampl. Rio de Janeiro: Revan; Brasília: Ed. UnB, 2001.
BENJAMIN, Walter. *Magia e técnica. Arte e política*: ensaios sobre literatura e história da cultura. São Paulo: Brasiliense, 1985. (Obras escolhidas, v. 1.)
BERGSON, Henri. *Matéria e memória*: ensaio sobre a relação do corpo com o espírito. São Paulo: Martins Fontes, 1990.
BLACK, Jan K. *United States penetration of Brazil*. Philadelphia: University of Pennsylvania Press, 1977.
BOFF, Clodovis. Uma Igreja Popular: impressões de uma visita pela Igreja de Crateús-CE. In: *Testemunho de amigos II*: José Comblin & Clodovis Boff. Crateús: Diocese de Crateús, 1989, pp. 15-41. (Fazendo a nossa história, caderno 3.)
BRUNEAU, Thomas. *The political transformation of the Brazilian Catholic Church*. New York: Cambridge University Press, 1974.
CALLADO, Antonio. *Tempo de Arraes*: padres e comunistas na revolução sem violência. Rio de Janeiro: José Álvaro, 1964.

_____. *Os industriais da seca e os "Galileus" de Pernambuco*. Rio de Janeiro: Civilização Brasileira, 1969.
CANGUILHEM, Georges. *O normal e o patológico*. Rio de Janeiro: Forense Universitária, 1995.
CAPRA, Fritjof. *O ponto de mutação*: a ciência, a sociedade e a cultura emergente. São Paulo: Cultrix, 1991.
CASA Amarela: memórias, lutas, sonhos... Série I – Entrevistados: Antonio Vidal de Lima (Tôta), Arnaldo Rodrigues da Cruz, João Lopes da Silva (Bubu). Recife: Federação das Associações, Centros Comunitários e Conselhos de Moradores de Casa Amarela, 1988.
CASCUDO, Luís da Câmara. *Contos tradicionais do Brasil*. Rio de Janeiro: Ediouro, 2003.
CASTRO, Josué de. *Geografia da fome*: o dilema brasileiro: pão ou aço. 10. ed. rev. Rio de Janeiro: Antares, 1987.
CAVALCANTI, Paulo. *O caso eu conto como o caso foi*. São Paulo: Alfa-Omega, 1976.
CERTEAU, Michel de. *A invenção do cotidiano*: 1. Artes de fazer. Petrópoles: Vozes, 1994.
_____. *A escrita da História*. Rio de Janeiro: Forense Universitária, 2000.
COLLINGWOOD, R. G. *A ideia de História*. Lisboa: Editorial Presença, 1972.
COMBLIN, José. Reflexões sobre o encontro de 05, 06 e 07 de novembro de 1971. In: Testemunho de amigos II: José Comblin & Clodovis Boff. Crateús: Diocese de Crateús, 1989, pp. 5-14. (Fazendo a nossa história, caderno 3.)
COSTA, José Fragoso da. *À margem do meu riacho Verde*: tempos de fé e paixão em terras da Paraíba. Rio de Janeiro: TVJ, 2000.
DABAT, Christine. Os primórdios da Cooperativa Agrícola de Tiriri. *Clio, Revista de Pesquisa Histórica*. Recife, Série História do Nordeste, n. 16, pp. 41-63, 1996.
DELEUZE, Gilles. *Conversações*. Rio de Janeiro: Ed. 34, 1992.
DELUMEAU, Jean. *O medo no Ocidente*: 1300-1800, uma cidade sitiada. São Paulo: Companhia das Letras, 1989.
_____. *O pecado e o medo*: a culpabilização no Ocidente (séculos 13-18). Bauru: Edusc, 2003. 2 v.
DESCARTES, René. Discurso do método. In: _____. *Obra escolhida*. São Paulo: Difel, 1962.
ÉFESO, Heráclito de. In: *Os Pré-Socráticos*. São Paulo: Abril Cultural, 1973.
EINSTEIN, Albert. *Escritos da maturidade*: artigos sobre ciência, educação, relações sociais, racismo, ciências sociais e religião. Rio de Janeiro: Nova Fronteira, 1994.
ESCRIBANO, Francesco. *Descalço sobre a terra vermelha*. Campinas: Ed. Unicamp, 2000.
FERREIRA, Marieta de Moraes. Introdução. In: _____ (Org.). *João Goulart*: entre a memória e a história. Rio de Janeiro: FGV, 2006.
FOUCAULT, Michel. *A arqueologia do saber*. Petrópoles: Vozes, 1972.
_____. *Microfísica do poder*. Rio de Janeiro: Graal, 1979.
_____. *Isto não é um cachimbo*. Rio de Janeiro: Paz e Terra, 1989.
FRAGOSO, Antonio. *Évangile et révolution sociale*. Paris. Éd. Du Cerf, 1971.
_____. *El evangelio de la esperanza*. Madrid: Sigueme, 1973.
_____. *O rosto de uma Igreja*. São Paulo: Loyola, 1982.
FURTADO, Celso. *A fantasia desfeita*. Rio de Janeiro: Paz e Terra, 1989.
GAGNEBIN, Jeanne Marie. *Sete aulas sobre linguagem, memória e história*. Rio Janeiro: Imago, 1997.
GEERTZ, Clifford. *A interpretação das culturas*. Rio de Janeiro: Livros Técnicos e Científicos, 1989.
GOMES, Ângela Maria de Castro; FERREIRA, Jorge. *Jango*: as múltiplas faces. Rio de Janeiro: Ed. FGV, 2007.
GUIMARÃES NETO, Regina Beatriz. Vira mundo, vira mundo: trajetórias nômades, as cidades na Amazônia. *Projeto História*. São Paulo, n. 27, 2003.
HAWKING, Stephen. *1942*: uma nova história do tempo. Rio de Janeiro: Ediouro, 2005.
HEISENBERG, Werner. *A parte e o todo*: encontros e conversas sobre física, filosofia, religião e política. Rio de Janeiro: Contraponto, 1996.
HOBSBAWM, Eric J. *A era dos extremos*: o breve século XX (1914 -1991). São Paulo: Companhia das Letras, 1995.
HOBSBAWM, Eric J.; SCOTT, Joan W. Sapateiros politizados. In: HOBSBAWM, Eric J. *Mundos do trabalho*. Rio de Janeiro: Paz e Terra, 1987, pp. 149-89.
IOKOI, Zilda Grícoli. *Igreja e camponeses*: Teologia da Libertação e movimentos sociais no campo. Brasil e Peru, 1964-1986. São Paulo: Hucitec, 1996.

JULIÃO, Francisco. *Cartilha do camponês*. Recife, 1960.
KADT, Emmanuel. *Catholic radicals in Brazil*. London: Oxford University Press, 1970.
KOSELLECK, Reinhart. *Los estratos del tiempo*: estudios sobre la Historia. Barcelona: Ediciones Paidós Ibérica, 2001.
LEFEBVRE, Georges. *O grande medo de 1789*: os camponeses e a Revolução Francesa. Rio de Janeiro: Campus, 1979.
LEITE, José Evangilmárison Lopes. *Em nome da ordem*: a Prefeitura Municipal de Natal como espaço da subversão. Natal, 2008. Dissertação (Mestrado em História) – Programa de Pós-Graduação em História, Universidade Federal do Rio Grande do Norte.
LERNOUX, Penny. *Cry of the people*: United States involvement in the rise of fascism, torture, and murder and the persecution of the Catholic Church in Latin America. New York: Doubleday, 1980.
LESSA, Sônia Sampaio Navarro. *O movimento sindical rural em Pernambuco*: 1958-1968. Recife, 1985. Dissertação (Mestrado em Sociologia) – Universidade Federal de Pernambuco.
LEVINSON, Jerome; ONÍS, Juan de. *The Alliance that lost its way*: a critical report on the Alliance for Progress. Chicago: Quadrangle Books, 1970.
LIMA, Álvaro Gonçalves da Costa; SAMICO, Armando Hermes Ribeiro; LIMA, Francisco de Assis. *Aspectos da atividade do comunismo em Pernambuco*. Recife: Secretaria de Segurança Pública, 1958.
LÖWY, Michael. *A guerra dos deuses*: religião e política na América Latina. Petrópolis: Vozes, 2000.
LUKACS, John. *A new history of the Cold War*. New York: Anchor Books, 1966.
MAINWARING, Scott. *Igreja Católica e política no Brasil (1916-1985)*. São Paulo: Brasiliense, 1989.
MARCHETTI, Victor; MARKS, John D. *The CIA and the cult of intelligence*. New York: Alfred A. Knopf, 1974.
MARTINS, Ana Luiza; LUCA, Tânia Regina de (Orgs.). *História da imprensa no Brasil*. São Paulo: Contexto, 2008.
MELO NETO, João Cabral de. *Obra completa*. Rio de Janeiro: Nova Aguilar, 1995.
MESTERS, Carlos. *Testemunho de amigos I*: encontro de pastoral da diocese de Crateús – uma análise. Crateús: Diocese de Crateús, 1989. (Fazendo a nossa história, caderno 2.)
MOITA, Maria da Conceição (Coord.). *Libertar o povo*: diálogo com Antonio Fragoso, bispo. Lisboa: Base, 1973.
MONK, Ray. *Wittgenstein*: o dever do gênio. São Paulo: Companhia das Letras, 1995.
MONTENEGRO, Antonio T. *História oral e memória*: a cultura popular revisitada. São Paulo: Contexto, 1992.
MONTENEGRO, Antonio T.; SALES, Ivandro da C.; COIMBRA, Silvia R. *Bairro do Recife*: porto de muitas histórias. Recife: Gráfica Recife, 1989.
MONTENEGRO, Antonio T. et al. *Engenheiros do tempo*: memórias da Escola de Engenharia de Pernambuco. Recife: Ed. UFPE, 1995.
MOTTA, Rodrigo Patto Sá. *Em guarda contra o perigo vermelho*: o anticomunismo no Brasil (1917-1964). São Paulo: Perspectiva, 2002.
_____. João Goulart e a crise de 1964 no traço da caricatura. In: REIS, Daniel Aarão; RIDENTI, Marcelo; MOTTA, Rodrigo Patto Sá. *O golpe e a ditadura militar 40 anos depois (1964-2004)*. Bauru: Edusc, 2004.
PAGE, Joseph. *A revolução que nunca houve*: o Nordeste do Brasil, 1955-1964. Rio de Janeiro: Record, 1972.
PROUST, Marcel. *No caminho de Swann*. São Paulo: Globo, 1990. (Em busca do tempo perdido, 1.)
REVEL, Jacques (Org.). *Jogos de escalas*: a experiência da microanálise. Rio de Janeiro. Ed. FGV, 1998.
ROBOCK, Stefan H. *Brazil's developing Northeast*: a study of regional planning and foreign aid. Washington: Brookings Institution, 1963.
ROCHA, Zildo (Org.). *Hélder, o dom*: uma vida que marcou os rumos da Igreja no Brasil. Petrópolis: Vozes, 1999.
ROETT, Riordan. *The politics of foreign aid in the Brazilian Northeast*. Nashville: Vanderbilt University Press, 1972.
ROGERS, William D. *The twilight struggle*: the Alliance for Progress and the politics of development in Latin America. New York: Random House, 1967.

SAID, Edward W. *Cultura e imperialismo*. São Paulo: Companhia das Letras, 1995.
SANDERS, Thomas G. Catholicism and development: the catholic left in Brazil. In: SILVERT, Kalman H. (Ed.) *Churches and States*: the religious institution and modernization. New York: AUFS, 1967.
SANTIAGO, Vandeck. *Francisco Julião*: luta, paixão e morte de um agitador. Recife: A Assembleia, 2001. (Série perfil parlamentar.)
SCOTT, Mainwaring. *Igreja Católica e política no Brasil, 1916-1985*. São Paulo: Brasiliense, 1989.
SELSER, Gregorio. *Alianza para el Progreso*: la mal nacida. Buenos Aires: Ediciones Iguazú, 1964.
SILVA, José Domingos da; VERAS, Carlos Moura de Morais. *Subversão no Rio Grande do Norte*. Natal, 1964. Relatório.
SILVA, Paulo Cândido da. *Cooperativismo e política:* a ação estatal face à mobilização camponesa. Campina Grande, 2003. Dissertação (Mestrado em Sociologia) – Centro de Humanidades, Universidade Federal de Campina Grande.
SMOLIN, Lee. *Três caminhos para a gravidade quântica*. Rio de Janeiro: Rocco, 2002.
SOARES, José Arlindo. *Nacionalismo e crise social*: o caso da Frente do Recife (1955-1964). Rio de Janeiro: Paz e Terra, 1982.
SOUSA, Silvana Vieira de. *Cultura de falas e de gestos*: histórias de memórias. Campinas, 1997. Dissertação (Mestrado em História) – Instituto de Filosofia e Ciências Humanas, Universidade Estadual de Campinas.
SOUZA, Ana Maria de. *Relatos da cidade:* representações e práticas de apropriações urbanas – Cuiabá, MT. Cuiabá, 2004. Dissertação (Mestrado em História) – Instituto de Ciências Humanas e Sociais, Universidade Federal de Mato Grosso.
STORRS, Keith L. *Brazil's independent foreign policy, 1961-1964*: background, tenets, linkage to domestic politics and aftermath. Ithaca, 1973. PhD Dissertation – Latin American Studies Program, Cornell University.
THOMÉ, Yolanda B. *Crateús*: um povo, uma Igreja. São Paulo: Loyola, 1994.
VEYNE, Paul. *Como se escreve a história; Foucault revoluciona a história*. 4. ed. Brasília: Ed. UnB, 1998.
VIRILIO, Paul. *Guerra pura*: a militarização do cotidiano. São Paulo: Brasiliense, 1984.
WITTGENSTEIN, Ludwig. *Investigações filosóficas*. Petrópolis: Vozes, 1994.

O AUTOR

Antonio Montenegro possui Mestrado e Doutorado em História pela Universidade Estadual de Campinas. Pós-doutorado na State University of New York – Stony Brook. Professor Titular de História do Brasil do Departamento de História da Universidade Federal de Pernambuco. Desenvolve projeto de pesquisa acerca da temática História e Memória, com enfoque nos movimentos sociais e políticos nas décadas de 1950 e 1960. Pesquisador e consultor *ad hoc* do CNPq, também presta consultoria a CAPES, FACEP e FAPERJ. Autor de diversos livros, pela Contexto lançou *História Oral e Memória – a cultura popular revisitada.*

Cadastre-se no site da Contexto
e fique por dentro dos nossos lançamentos e eventos.
www.editoracontexto.com.br

Formação de Professores | Educação
História | Ciências Humanas
Língua Portuguesa | Linguística
Geografia
Comunicação
Turismo
Economia
Geral

Faça parte de nossa rede.
www.editoracontexto.com.br/redes

Promovendo a Circulação do Saber